LE VÉRIFICATEUR

DE

L'IMPOT DIRECT,

OUVRAGE

au moyen duquel tout Contribuable
peut opérer lui-même la vérification de ses
bordereaux de contributions.

CONTENANT

LA DÉSIGNATION DE TOUS LES ÉLÉMENTS SERVANT DE BASE
A L'ÉVALUATION, TANT EN PRINCIPAL QU'EN CENTIMES ADDITIONNELS
DES CONTRIBUTIONS FONCIÈRE - PERSONNELLE
MOBILIÈRE, DES PORTES ET FENÊTRES ET DES PATENTES.

AVEC MODÈLES A L'APPUI,

*ainsi que la nomenclature par ordre alphabétique
de toutes les professions assujetties à la patente avec indication
de la classe et du taux du droit proportionnel.*

SUIVI

DE DIFFÉRENTES FORMULES DE RÉCLAMATIONS

pour les sommes indûment imposées, ainsi que pour celles
dont on peut obtenir la remise
par suite de vacances de maisons, chômages d'usines, gelée, grêle,
inondation, incendie, etc.

PAR LOROT

RECEVEUR MUNICIPAL.

Prix : **1 fr. 25.**

PARIS

IMPRIMERIE NOUVELLE (ASSOCIATION OUVRIÈRE)

RUE DES JEUNEURS, 14.

1875

LE VÉRIFICATEUR

DE

L'IMPOT DIRECT

OUVRAGE

au moyen duquel tout Contribuable
peut opérer lui-même la vérification de ses
bordereaux de contributions

CONTENANT

LA DÉSIGNATION DE TOUS LES ÉLÉMENTS SERVANT DE BASE
A L'ÉVALUATION, TANT EN PRINCIPAL QU'EN CENTIMES ADDITIONNELS
DES CONTRIBUTIONS FONCIÈRE-PERSONNELLE
MOBILIÈRE, DES PORTES ET FENÊTRES ET DES PATENTES

AVEC MODÈLES A L'APPUI

*ainsi que la nomenclature par ordre alphabétique
de toutes les professions assujetties à la patente avec indication
de la classe et du taux du droit proportionnel*

SUIVI

DE DIFFÉRENTES FORMULES DE RÉCLAMATIONS

pour les sommes indûment imposées, ainsi que pour celles
dont on peut obtenir la remise
par suite de vacances de maisons, chômages d'usines, gelée, grêle,
inondation, incendie, etc.

PAR LOROT

RECEVEUR MUNICIPAL

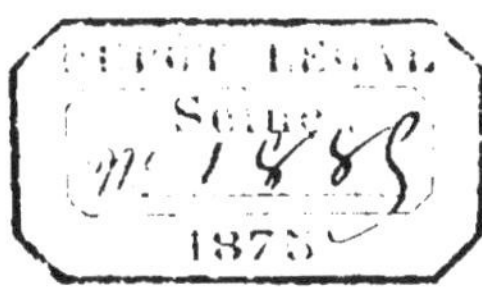

PARIS

IMPRIMERIE NOUVELLE (ASSOCIATION OUVRIÈRE)
RUE DES JEUNEURS, 14. — G. MASQUIN ET C°.

1875

AVANT-PROPOS

Combien y a-t-il de contribuables qui, chaque année, au moment de la réception de leur bordereau, se demandent d'où proviennent les augmentations qu'ils y constatent ?

A combien s'élève le nombre de ceux qui payent sans même se rendre compte des sommes qui leur sont réclamées ?

Et pourtant, si ces bordereaux, au lieu de se nommer *Avertissements de contributions,* s'appelaient *Factures* ou *Mémoires,* chaque intéressé les vérifierait avec soin, puis discuterait, réclamerait et ne payerait qu'après avoir acquis la certitude de ne verser que ce qu'il doit.

L'expérience a démontré que chaque année, malgré tous les soins apportés dans la rédaction des matrices, de nombreuses erreurs s'y glissent par suite de renseignements insuffisants ou incomplets, et s'y renouvellent au détriment du contribuable, jusqu'à ce qu'une circonstance fortuite vienne lui dessiller les yeux, et c'est seulement alors qu'il fait opérer la rectification, mais il n'en a pas moins payé, pendant plusieurs années, ce qu'il ne devait pas, car l'État ne fait droit qu'aux réclamations portant sur les contributions de l'année courante.

Ces irrégularités proviennent le plus souvent : pour la contribution foncière, de mutations mal faites, de faux ou doubles emplois dans l'évaluation des propriétés bâties ; pour la contribution mobilière, de l'inexacte comparaison des loyers d'habitation ; pour celle des patentes, de la fausse application des tarifs, tant pour le droit fixe que pour le droit proportionnel, et de la surélévation de la valeur locative.

Le *Vérificateur de l'impôt direct* développe avec autant de clarté que de précision ce grand rouage administratif, qui se nomme *Assiette de l'impôt*, et donne à tout contribuable, sachant lire et écrire, le moyen de contrôler et de vérifier lui-même le bordereau des sommes qui lui sont demandées chaque année, et de se pourvoir contre le payement de celles qui lui seraient injustement réclamées.

L.

LE VÉRIFICATEUR

DE

L'IMPOT DIRECT

CHAPITRE Ier

Des Contributions directes.

Les contributions directes se distinguent en impôts de répartition et en impôts de quotité.

L'impôt de répartition est celui dont la somme totale, fixée d'avance par la loi des finances, se répartit, de degrés en degrés, entre les départements, les arrondissements, les communes et les contribuables.

L'impôt de quotité est celui dont les taxes résultent de l'application, à des éléments variables, de tarifs ou de quotités déterminés, et dont, par conséquent, les produits ne peuvent être évalués que d'une manière approximative au budget de l'Etat.

Les contributions *foncière*, *personnelle-mobilière* et *des portes et fenêtres*, sont des impôts de répartition ; la contribution des *patentes* est un impôt de quotité.

Les contributions directes sont de quatre natures, savoir :

La contribution foncière ;

La contribution personnelle-mobilière ;

La contribution des portes et fenêtres ;

La contribution des patentes.

Elles sont fixées, en principal, chaque année, par la loi des finances.

Indépendamment du montant en principal de chaque contribution, cette loi ordonne ou confirme l'imposition de centimes additionnels, dont elle détermine la quotité, et qui sont de deux natures différentes.

Les uns, désignés sous le nom de *centimes additionnels généraux*, n'ont point d'affectation spéciale, et, comme le principal des contributions, font partie des fonds généraux de l'Etat.

Les autres centimes additionnels sont affectés aux dépenses ci-après, savoir :

Dépenses ordinaires de chaque département ;

Secours en cas de grêle, incendie, inondations, etc.;

Dégrèvements et non-valeurs ;

Réimpositions.

Cette même loi de finance et d'autres lois spéciales autorisent les départements et les communes à établir, en sus des centimes généraux mentionnés ci-dessus, des impositions additionnelles au principal des quatre contributions, pour les dépenses de l'instruction primaire, des chemins vicinaux, et pour dépenses extraordinaires.

SECTION PREMIÈRE

DE L'ASSIETTE DE LA CONTRIBUTION FONCIÈRE

La contribution foncière est répartie par égalité proportionnelle sur toutes les propriétés foncières, bâties ou non bâties, à raison de leur revenu net imposable. (Loi du 3 frimaire, an VII.)

Les propriétés bâties passibles de la contribution foncière, sont :

Les maisons d'habitation, les usines, les manufactures, les magasins, les boutiques, les pressoirs, et généralement tous les locaux destinés au commerce et à l'industrie.

Les bâtiments ruraux, tels que granges, écuries, hangars,

caves, remises et tous ceux servant aux exploitations agricoles sont exempts de cette contribution.

Les propriétés non bâties soumises à l'impôt sont : les terres labourables, les jardins potagers ou fruitiers, les vignes, les étangs, les bois, les herbages, les prairies naturelles ou artificielles, les marais, les pâtures, les châtaigneraies, les olivets, les pépinières, les tourbières, les parcs, les carrières, les mines, les terres vaines et vagues, etc., etc.

Leur revenu net imposable est déterminé, savoir :

Pour les propriétés bâties, par le prix éventuel de leur location, déduction faite des frais ordinaires d'impositions, d'entretien et de vacances présumées ;

Pour les propriétés plantées, cultivées ou en friche, d'après la nature du sol et suivant la classe à laquelle elles appartiennent.

L'estimation générale en a été faite en exécution de la loi sur le cadastre, par une commission nommée à cet effet, et dont les membres étaient désignés sous le nom de classificateurs.

Le principal de la contribution foncière varie, chaque année, en raison de l'augmentation ou de la diminution de la matière imposable. Les maisons et usines nouvellement construites, les biens de l'Etat restitués ou vendus, les anciens chemins rendus à la culture, augmentent le principal ; les propriétés bâties qui ont été détruites ou démolies, les parcelles converties en chemins, rues, places publiques ou vendues à l'Etat, le diminuent.

Les maisons, fabriques, manufactures, usines et tous autres édifices nouvellement construits ou reconstruits, ne sont imposables que la troisième année de leur achèvement. Le terrain qu'ils enlèvent à la culture reste seul cotisé. (Loi du 3 frimaire an VII.)

Les bâtiments inhabités pour reconstruction ne sont soumis à la contribution foncière que la troisième année de leur reconstruction. (Arrêté du conseil d'État du 13 janvier 1816.)

Les changements qui surviennent dans la nature du sol des immeubles cultivés ne modifient en rien la contribution à laquelle ils ont été primitivement assujettis, c'est-à-dire que telle pièce imposée comme vigne ou bois, et dont la superficie a été défrichée ou arrachée, reste taxée pour le même revenu que lorsqu'elle était plantée, et réciproquement pour telle autre, imposée comme terre labourable et qui a été convertie en plantation.

L'Assemblée nationale, dans sa séance du 5 janvier 1874, a admis, en principe, que les parcelles figurant sur les états de sections des communes comme terres incultes ou improductives, et cotisées comme telles, et qui ont été mises en culture ou sont devenues productives depuis la confection du cadastre, seraient évaluées et cotisées comme les autres propriétés de même nature et d'égal revenu de la commune où elles sont situées, et accroîtraient le contingent de la commune, de l'arrondissement, du département et de l'État.

RÉCLAMATIONS EN MATIÈRE DE CONTRIBUTION FONCIÈRE

Toutes les contributions établies sur la propriété foncière, en vertu de dispositions contraires aux principes qui précèdent, doivent faire l'objet de réclamations et de demandes en décharges.

Elles doivent porter sur les maisons, usines, etc., qui auraient été surtaxées ou dont la valeur aurait diminué par suite de modifications apportées dans leur situation ;

Sur celles qui auraient perdu de leur valeur par leur changement de destination primitive ;

Sur les maisons, usines, manufactures, boutiques, etc., nouvellement construites, ou qui, reconstruites après avoir été détruites par l'incendie, auraient été imposées avant la troisième année de leur construction ou de leur reconstruction ;

Sur tous les locaux devenus inhabitables, démolis ou convertis en bâtiments ruraux, dont la radiation n'aurait pas eu lieu ;

Et enfin sur toutes les parcelles vendues, cédées ou abandonnées à l'État, aux départements et aux communes, pour la construction d'édifices publics, routes, chemins, pla-

ces, etc., etc., qui n'auraient pas disparu de la matière imposable.

Le moyen, pour le contribuable, de contrôler l'exactitude
du revenu foncier auquel il est imposé, consiste dans la vérification de son folio cadastral; il se rend, à cet effet, à la
mairie de la commune où sont situées les propriétés, ouvre
à son article la matrice *générale* qui est ordinairement rédi-
gée par ordre alphabétique et syllabique, excepté dans les
villes importantes, où elle est dressée par ordre de rues et de
numéros, puis se reporte au folio de la matrice *cadastrale*
qui s'y trouve indiqué; alors, il examine avec soin si toutes
les propriétés qui y figurent sont classées conformément
à l'esprit de la loi, et si les mutations des parcelles
qu'il aurait vendues ou achetées ont été régulièrement
opérées.

Les réclamations en décharges sont déposées ou adressées,
franco, à la préfecture pour l'arrondissement chef-lieu, et
dans les sous-préfectures pour les autres arrondissements,
dans les trois mois de la publication du rôle; elles sont ré-
digées sur timbre pour les cotes qui excèdent 30 francs, et
sur papier libre pour celles inférieures à cette somme. Elles
doivent être accompagnées de l'avertissement et de la quittance des termes échus.

Il est question de la révision totale du cadastre. Dans le
cas où la loi projetée recevrait la sanction de l'Assemblée,
il serait de toute nécessité pour les contribuables d'exa-
miner avec la plus grande attention leurs nouvelles coti-
sations, afin de pouvoir présenter, en temps utile, les
demandes en dégrèvement de celles qui ne seraient pas
en rapport avec la valeur actuelle des propriétés. Une
fois les délais de la première année passés et les contingents définitivement fixés, les sommes accordées en décharge, pour surélévation provenant du fait de la Commission
cadastrale, sont supportées par tous les propriétaires fon-
ciers de la commune.

Outre les réclamations en décharge dont il vient d'être
traité ci-dessus, les contribuables sont admis à présenter
des demandes en remise ou modération pour pertes occa-
sionnées par des événements extraordinaires, tels que grêle,

gelée, inondation, incendie, *dans les quinze jours qui sui-vent les événements.*

Les demandes en décharge ou réduction pour vacances totales ou partielles des maisons destinées à la location, ou pour chômages des usines (d'une durée de trois mois au moins), doivent être faites *dans les quinze jours qui suivent l'année ou le trimestre d'inhabitation ou de chômage.*

Elles doivent toutes être appuyées de l'avertissement et de la quittance des termes échus, et revêtues de la signature de la partie intéressée; si elle est illettrée, elle y fait apposer son nom. Lorsque la réclamation sera produite par un manda-taire, la procuration devra y être annexée.

MODÈLE DE FOLIO CADASTRAL, AVEC DÉSIGNATION FICTIVE

Modèle nᵒ 1.   Folio 165.

NOMS ET DEMEURES des PROPRIÉTAIRES	ANNÉE de la MUTATION Entrée	Sortie	SECTION	NUMÉRO du plan.	CANTON, TRIAGE ou lieu dit et noms des parcelles	NATURE de la PROPRIÉTÉ	CONTENANCE h.	a.	c.	CLASSES	REVENU		FOLIOS d'où les parcelles sont tirées.	où les parcelles sont passées.	OBSERVATIONS
M. ANDRÉ, Jean-Nicolas, cultivateur, à Val-des-Yebles.			A	135	Les Côtes-Froides.	Terre	»	26	10	3	2	60			
				675	Bois des Dames..	Vigne	1	40	30	2	22	52			
			B	27	Les Montants....	Bois	»	86	70	1	12	40			
				28	Id.	Friche	»	3	60	1	»	03			
1 pᵗᵉ coch. 10 ouvʳᵉˢ.	1870		C	306	Rue du Pont....	Maison	»	»	»	4	60	»			
				306	Id.	Sol	»	2	10	1	»	75			
				1005	Les Eaux bues...	Oseraie	»	21	10	2	2	20			
2 ouvertures.......	1873		D	78	Fbg St-Augustin..	Pressoir	»	»	»	1	15	»			Constⁿ nouᵛˡᵉ
				78	Id. ..	Sol	»	1	35	1	»	40			
							2	81	25		115	90			

MODÈLE N° 2

MODÈLE FICTIF D'AVERTISSEMENT ÉTABLI POUR LA CONTRIBUTION FONCIÈRE ET CELLE DES PORTES ET FENÊTRES, D'APRÈS LES ÉLÉMENTS CONTENUS AU TABLEAU QUI PRÉCÈDE.

(On obtient le montant de la contribution, en multipliant le centime le franc par le revenu foncier pour la contribution foncière, et par le montant du loyer pour la contribution mobilière.)

DÉPARTEMENT

d ———

ARRONDISSEMENT

d ———

COMMUNE

de Val-des-Yebles.

———

PERCEPTEUR

M ———

résidant

à ———

Jours de recette :

AVERTISSEMENT

POUR L'ACQUIT DES CONTRIBUTIONS FONCIÈRE, PERSONNELLE-MOBILIÈRE ET DES PORTES ET FENÊTRES DE 1874

———

Loi de finances du 24 juillet 1873.

Impositions départementales autorisées par des lois spéciales ou des décrets, ou votées d'office par le Conseil général.

Impositions communales approuvées par des actes du gouvernement ou des arrêtés du Préfet, ou votées d'office par le Conseil municipal.

———

NOTA. — *Les contribuables pourront prendre connaissance, au secrétariat de la mairie, d'un tableau indiquant la destination des impositions communales et la date des décrets ou arrêtés qui les ont autorisées.*

———

ARTICLE DU RÔLE : 39

M. ANDRÉ, Jean-Nicolas,
cultivateur, à Val-des-Yebles.

CENTIMES LE FRANC DES CONTRIBUTIONS	NATURE des CONTRIBUTIONS	BASES ET DÉTAIL DES DIVERSES CONTRIBUTIONS		MONTANT DES COTES par nature de contribution.		PART DES COTES CI-CONTRE REVENANT à l'État.		au départem., à la commune, au fonds de secours, etc.	
Foncière. . . . , 29 04	Foncière....	Pour un revenu de..........	115	90	33	65	12	81	20	84
Mobilière 83 81	Personnelle..	Cote personnelle 1..........	2	25			2	25		
	Mobilière....	Cote mobilière sur un loyer de 25 francs	20	95	23	20	5	66	15	29
		Pour une porte cochère, charretière ou de magasin	5	40						
		Pour 10 ouvertures du rez-de-chaussée, entresol, 1er et 2e étages	12	40						
	Portes et fenêtres....	Pour 00 fenêtres du 3e étage et au-dessus			19	40	7	37	12	03
		Pour 1 maison à 1 ouverture ..								
		Pour 1 maison à 2 ouvertures..	1	60						
		Pour 1 maison à 3 ouvertures..								
		Pour 1 maison à 4 ouvertures..								
		Pour 1 maison à 5 ouvertures..								
		Plus pour frais du présent avertissement....			»	05	»	05		
							28	14	48	16
		Total..................			76	30	Dont le douzième est de...... 6 35			

Le rôle a été publié le ... 1874. C'est de ce jour que court le délai de trois mois pour la présentation des demandes en décharge ou réduction.

Le contribuable a le droit de se faire représenter par le Percepteur la feuille de tête du rôle où se trouvent indiquées la nature et la quotité des centimes additionnels et les motifs des impositions départementales et communales, ainsi que le montant des réimpositions.

Les frais du présent avertissement étant compris dans le rôle, le contribuable doit le recevoir sans frais et à domicile. En cas d'absence, l'avertissement sera remis à son fermier ou représentant.

Certifié à ....., le 20 décembre 1873.

Le Directeur des Contributions directes,

PHILIPPE.

SECTION II

DE LA CONTRIBUTION PERSONNELLE-MOBILIÈRE

La contribution personnelle-mobilière est due par chaque habitant français et par chaque étranger de tout sexe, jouissant de ses droits et non réputé indigent. (L. du 21 avril 1832.)

Sont considérés comme jouissant de leurs droits, les veuves et les femmes séparées de leur mari, les garçons et les filles majeurs ou mineurs ayant des moyens suffisants d'existence, soit par leur fortune personnelle, soit par la profession qu'ils exercent, lors même qu'ils habitent avec leur père, mère, tuteur ou curateur.

La taxe personnelle proprement dite n'a d'autre base que la personne même du contribuable, et n'est due que dans la commune du *domicile réel;* elle se compose d'une quotité fixe de trois journées de travail, dont le prix moyen en argent est déterminé par le conseil général du département, sans que le prix de la journée puisse dépasser 1 fr. 50 ni être au-dessous de 50 centimes.

La contribution mobilière est due pour toute habitation meublée, située soit dans la commune du domicile réel, soit dans toute autre commune. (Loi du 21 avril 1832, art. 13.)

Les habitants qui n'occupent que des appartements garnis, ne sont assujettis à la contribution mobilière qu'à raison de la valeur locative de leur logement, évalué comme un logement non meublé.

On ne doit comprendre dans les valeurs locatives qui servent de base à la contribution mobilière, que la partie des bâtiments consacrée à l'habitation. On ne doit pas imposer les magasins, boutiques, auberges, usines et ateliers et autres locaux consacrés à l'exercice d'une profession, les bâtiments servant aux exploitations rurales, non plus que ceux destinés au logement des élèves dans les écoles et pensionnats et aux bureaux des fonctionnaires publics. (Loi du 26 mars 1831.)

Les officiers de terre et de mer, les officiers sans troupe, les officiers d'état-major, les officiers de gendarmerie et de recrutement, les employés de la guerre et de la marine, dans les garnisons et dans les ports, les préposés de l'administration des douanes, qui ont des habitations particulières, soit pour eux, soit pour leur famille, sont imposables à la contribution personnelle-mobilière d'après le même mode et dans la même proportion que les autres contribuables. (Loi du 21 avril 1832.) Ceux qui n'ont point de résidence fixe et qui n'ont d'autre habitation que celle de leur garnison en sont exempts.

Les fonctionnaires, les ecclésiastiques et les employés civils et militaires, logés gratuitement dans des bâtiments appartenant à l'Etat, au département, à l'arrondissement ou à la commune, sont imposables d'après la valeur locative des parties de ces bâtiments affectées à leur habitation personnelle.

Les employés et autres personnes qui sont logés comme pensionnaires chez des particuliers; les célibataires, veufs **ou veuves** qui auraient fait l'abandon de ce qu'ils possèdent moyennant le logement et la nourriture au domicile de leurs héritiers ou donataires, sont soumis à la taxe personnelle, et aussi à la contribution mobilière lorsque la valeur locative de leur logement n'aura pas été comprise dans la cote du propriétaire ou principal locataire. Cette disposition est applicable aux nouveaux mariés qui habiteraient avec leurs père et mère et travailleraient avec eux.

Les domestiques de l'un ou de l'autre sexe, exclusivement consacrés au service de la personne, du ménage et de l'exploitation rurale, nourris et logés chez leurs maîtres, les domestiques attachés à l'exploitation d'une ferme, ne sont imposables, ni à la contribution personnelle, ni à la contribution mobilière, excepté s'ils sont propriétaires ou locataires d'une habitation particulière pour eux ou pour leur famille.

Ne doivent pas être considérés comme domestiques, les précepteurs, dames de compagnie, hommes d'affaires, instituteurs, concierges, gardes particuliers, quoique logés, nourris et à gages; ils sont imposables à la contribution personnelle, et même à la contribution mobilière s'ils occupent des logements pour lesquels la personne qui les emploie n'est pas déjà cotisée elle-même.

Lorsque, par suite de changement de domicile, un contribuable se trouvera imposé dans deux communes, quoique n'ayant qu'une seule habitation, il ne devra la contribution que dans la commune de sa nouvelle résidence. (Loi du 21 avril 1832.)

La contribution personnelle-mobilière, légalement établie, est due le 1er janvier pour l'année entière, nonobstant toutes modifications par suite de décès, mariage, changement de résidence ou de domicile.

RÉCLAMATIONS CONCERNANT LA CONTRIBUTION PERSONNELLE-MOBILIÈRE

Les demandes en décharge ou réduction doivent être présentées dans la même forme que pour la contribution foncière ; elles doivent avoir pour objet les taxes qui seraient imposées en dehors dés éléments dont l'énumération précède, ou dont l'évaluation porterait sur une valeur locative supérieure à la valeur réelle.

La base et le montant de la cotisation étant reproduits sur l'avertissement des contributions (voir modèle fictif n° 2, contribution personnelle... et contribution mobilière sur un loyer de...), le contribuable peut facilement s'assurer de la légalité de l'imposition. Cependant il est bon de faire remarquer que les sommes qui servent à déterminer le prix du loyer ne sont, en général, que *conventionnelles*, c'est-à-dire qu'elles ne représentent que comparativement la valeur locative. Ainsi, lorsqu'un bordereau mentionne un loyer de 10, 15, 20 ou 25 francs, ces sommes équivalent, selon la localité, à 100, 150, 200 ou 250 francs de loyer réel.

En conséquence, les intéressés devront préalablement s'enquérir, soit à la mairie, soit auprès des répartiteurs, de la différence qui existe entre la valeur comparée et la valeur exacte. A Paris, les calculs sont établis d'après le loyer réel.

Il y a lieu à décharge sur la contribution personnelle-mobilière :

1° Pour faux emploi, lorsqu'un contribuable est taxé dans une commune où il n'a pas d'habitation, ou lorsqu'il se trouve dans les exceptions déterminées par la loi ;

2° Pour double emploi, lorsque, n'ayant qu'une seule habitation, il est imposé en même temps dans plusieurs communes, ou deux fois dans la même.

A droit à une réduction tout contribuable dont la cote, établie dans le rôle où elle devait l'être, a été calculée dans une proportion trop forte.

SECTION III

DE LA CONTRIBUTION DES PORTES ET FENÊTRES

La contribution des portes et fenêtres est établie sur les portes extérieures et sur les fenêtres donnant sur les rues, cours, jardins des maisons, bâtiments, usines, magasins, boutiques ou autres locaux servant à l'habitation, au commerce ou à l'industrie.

Les ouvertures des granges, bergeries, étables, greniers, caves et autres constructions qui ne servent pas à l'habitation des hommes, ainsi que les fenêtres du comble ou de la toiture des maisons, ne sont pas imposables. (Loi du 4 frimaire an VII.)

Il n'est compté qu'une seule porte charretière pour chaque ferme, métairie ou toute autre exploitation rurale.

Les portes charretières existant dans les maisons à une, deux, trois, quatre et cinq ouvertures, ne sont comptées et taxées que comme portes ordinaires.

Sont imposables les fenêtres dites mansardes et autres ouvertures pratiquées dans la toiture des maisons lorsqu'elles éclairent des appartements habitables. (Loi du 21 avril 1832.)

La contribution des portes et fenêtres est établie par gradation, en raison du chiffre de la population et du nombre d'ouvertures.

Le tarif a été fixé *en principal*, par la loi du 21 avril 1832, conformément au tableau ci-après :

POPULATION DES VILLES et DES COMMUNES	POUR LES MAISONS à					POUR LES MAISONS à 8 ouvert. et au-dessus		
	1 ouverture.	2 ouvertures.	3 ouvertures.	4 ouvertures.	5 ouvertures.	Portes cochères, charretières et de magasins.	Portes ordinaires et fenêtres du rez-de-chaussée, de l'entresol, des 1er et 2e étages.	Fenêtres du 3e étage et des étages supérieurs.
Au-dessous de 5,000 âmes.	» 30	» 45	» 90	1 60	2 50	1 60	» 60	» 60
de 5,000 à 10,000......	» 40	» 60	1 35	2 20	3 25	3 50	» 75	» 75
de 10,000 à 25,000.....	» 50	» 80	1 80	2 80	4 »	7 40	» 90	» 75
de 25,000 à 50,000.....	» 60	1 »	2 70	4 »	5 50	11 20	1 20	» 75
de 50,000 à 100,000....	» 80	1 20	3 60	5 20	7 »	15 »	1 50	» 75
de 100,000 et au-dessus..	1 »	1 50	4 50	6 40	8 50	18 80	1 80	» 75

Le principal est augmenté, chaque année, ainsi qu'il en a déjà été parlé au commencement de ce chapitre, de centimes additionnels dont la quotité est fixée par la loi de finances ou des lois spéciales, selon les besoins de l'Etat, des départements et des communes.

Dans les villes et communes au-dessus de 5,000 âmes, la taxe correspondante au chiffre de leur population ne s'applique qu'aux habitations comprises dans les limites intérieures de l'octroi. Les habitations dépendantes de la banlieue sont portées dans la classe des communes rurales.

La disposition qui porte que les maisons nouvellement construites ou reconstruites ne doivent être soumises à la contribution foncière que la troisième année de leur achèvement, ne s'applique pas à la taxe des portes et fenêtres; cette dernière contribution est due pour tous les bâtiments construits ou reconstruits aussitôt qu'ils sont habitables.

La porte cochère, charretière ou simple d'une avenue conduisant à une maison d'habitation est imposable, si elle donne sur la voie publique et sert d'entrée principale à la maison.

Les ouvertures dites jours de souffrance sont imposables lorsqu'elles éclairent des locaux faisant partie de l'habitation.

Les portes et fenêtres d'un fournil habité, ainsi que les ouvertures des pièces basses ou caves, servant d'habitation, de boutiques, de magasins ou de cuisines, sont imposables.

Les ouvertures des bains publics et des établissements thermaux, des pressoirs, des ateliers de charrons, charpentiers, menuisiers, sabotiers, maréchaux et autres sont également imposables; la loi n'exempte que les portes et fenêtres des granges, écuries, étables, celliers, et celles des manufactures.

Lorsque la lumière parvient dans les magasins ou boutiques au moyen de façades ou de couvertures vitrées, il est compté autant d'ouvertures qu'il y a de séparations solides, soit en fer, soit en bois, soit en pierre.

L'article 64 de la loi du 25 mars 1817 fait connaître les établissements industriels qui doivent être considérés comme manufactures et dont les ouvertures sont affranchies de l'impôt; ce sont ceux comprenant plusieurs ateliers et réunissant un grand nombre d'ouvriers ne travaillant exclusivement que pour le compte du fabricant.

Les ouvertures des magasins et boutiques affectés à la vente des produits de la fabrique ou de la manufacture sont soumis à l'impôt.

Les fonctionnaires, les ecclésiastiques et les employés civils et militaires, logés gratuitement dans les bâtiments appartenant à l'Etat, aux départements, aux communes ou aux hospices, doivent être imposés nominativement pour les portes et fenêtres des parties de ces bâtiments servant à leur habitation personnelle.

RÉCLAMATIONS RELATIVES A LA CONTRIBUTION DES PORTES ET FENÊTRES

Toute imposition portant sur des ouvertures autres que celles désignées par la loi peut être annulée par voie de dégrèvement, sur la réclamation de la partie intéressée.

En conséquence, chaque contribuable doit vérifier au moyen de son avertissement de contributions (voir **modèle fictif, n° 2**) :

Premièrement, si la taxe à laquelle il est imposé est en rapport avec le nombre de maisons et la quantité d'ouvertures qu'il possède ;

Deuxièmement, si ces ouvertures concernent toutes **des** logements habitables ;

Troisièmement, et si les portes. et fenêtres des maisons qu'il aurait fait démolir ou convertir en bâtiments ruraux, ont été dûment rayées des contingents imposables.

Les propriétaires des maisons ont droit à des décharges sur la contribution des portes et fenêtres, s'ils ont été taxés pour des ouvertures que la loi exempte de l'impôt. Ils ont droit à des réductions s'ils ont été imposés dans une proportion trop forte ou pour un nombre d'ouvertures supérieur à celui des portes et fenêtres existant aux bâtiments qu'ils possèdent. Ils peuvent aussi obtenir des dégrèvements, des modérations ou des remises pour le temps pendant lequel les maisons destinées à la location sont restées vacantes et les usines en chômage, ainsi que pour la durée de reconstruction de locaux démolis ou détruits.

Les demandes en décharges, remises ou modérations concernant la contribution des portes et fenêtres, sont soumises aux mêmes règles que celles relatives à la contribution foncière.

SECTION IV

DE LA CONTRIBUTION DES PATENTES

La contribution des patentes est due par tout individu, français ou étranger, qui exerce en France un commerce, une industrie, une profession non compris dans les exceptions déterminées par la loi. (Loi du 25 avril 1844.)

Elle se compose, selon les cas :

D'un droit fixe et d'un droit proportionnel;

D'un droit fixe seulement;

D'un droit proportionnel seulement.

Le droit fixe est réglé en raison de la population des communes d'après des tarifs que la loi détermine et suivant les classes dans lesquelles elle place les diverses professions. Il est également établi, pour certaines professions, d'après un tarif spécial, sans égard à la population.

Pour les professions dont le droit fixe varie suivant la population du lieu où elles sont exercées, les tarifs sont appliqués d'après la population qui a été déterminée par le dernier dénombrement.

Néanmoins, lorsque ce dénombrement fait passer une commune dans une catégorie supérieure à celle dont elle faisait précédemment partie, l'augmentation du droit fixe ne doit être appliquée que pour moitié pendant les cinq premières années.

Dans les communes où la population totale est de 5,000 âmes et au-dessus, les patentables exerçant dans la banlieue des professions imposables eu égard à la population, payeront le droit fixé d'après le tarif applicable à la population non agglomérée.

Les patentables exerçant lesdites professions dans la partie agglomérée payeront le droit fixe d'après le tarif applicable à la population totale.

Sont établis, sans limite de maximum, les droits de patente des professions, commerces et industries compris dans les tableaux annexés aux lois en vigueur et qui étaient tarifés en raison du nombre des ouvriers, machines, instruments ou moyens de production et autres éléments variables d'imposition. (Loi du 29 mars 1872.)

Le patentable ayant plusieurs établissements, boutiques ou magasins de même espèce ou d'espèces différentes, est, quelle que soit la classe ou la catégorie à laquelle il appartient comme patentable, passible d'un droit fixe entier, à raison du commerce, de l'industrie ou de la profession exercé dans chacun de ces établissements, boutiques ou magasins.

Les droits fixes sont imposables dans les communes où sont situés les établissements, boutiques ou magasins qui y donnent lieu. (Loi du 29 mars 1872.)

Le droit proportionnel est établi d'après la valeur locative tant de la maison d'habitation que des magasins, boutiques, usines, ateliers, hangars, remises, chantiers et autres locaux servant à l'exercice des professions, en quelque lieu qu'ils soient situés. En ce qui concerne les usines et établissements industriels, il est calculé sur la valeur locative, de ces établissements pris dans leur ensemble, et munis de tous leurs moyens matériels de production.

Le droit proportionnel est fixé au 10e, au 15e, au 20e, au 25e, au 30e et au 40e de la valeur locative, selon la profession et la classe à laquelle elle appartient, et suivant l'usage des locaux imposés.

Sont exempts de la patente :

Les fonctionnaires et employés salariés, soit par l'Etat, soit par les départements, soit par les communes, en ce qui concerne seulement l'exercice de leurs fonctions ;

Les sages-femmes, à moins qu'elles ne prennent des pensionnaires ; les peintres, sculpteurs, graveurs et dessinateurs, considérés comme artistes et ne vendant que le produit de leur art ;

Les professeurs de belles-lettres, sciences et arts d'agrément ;

Les instituteurs primaires, à moins qu'ils ne soient en même temps maîtres de pension ;

Les éditeurs de feuilles périodiques ;

Les artistes dramatiques ;

Les laboureurs et cultivateurs (seulement pour la vente et la manipulation des récoltes et fruits provenant des terrains qui leur appartiennent ou par eux exploités, et pour le bétail qu'ils y élèvent, qu'ils y entretiennent ou qu'ils y engraissent). L'exemption n'a pas lieu pour les transformations de récoltes et fruits pratiquées au moyen d'agents chimiques, de machines et ustensiles autres que ceux servant aux travaux habituels de l'agriculture.

Sont exempts :

Les concessionnaires de mines pour le seul fait de l'extraction et de la vente des matières par eux extraites;

Les propriétaires ou fermiers de marais salants;

Les pêcheurs, même lorsque la barque qu'ils montent leur appartient;

Les propriétaires ou locataires louant accidentellement une partie de leur habitation. (L'exemption ne concerne pas ceux qui louent habituellement des appartements meublés pour être loués, ni ceux qui, dans les villes de garnison, louent habituellement des chambres aux officiers;)

Les capitaines de navires de commerce ne naviguant pas pour leur compte;

Les cantiniers attachés à l'armée;

Les écrivains publics;

Les commis et toutes les personnes travaillant à gages, à façon et à la journée, dans les maisons, ateliers et boutiques des personnes de leur profession;

Les ouvriers travaillant en chambre avec l'aide d'un seul apprenti âgé de moins de seize ans;

Les ouvriers travaillant chez eux ou chez les particuliers, sans compagnon ni apprenti, même lorsque ces ouvriers travaillent pour leur compte et avec des matières à eux appartenant et qu'ils ont une enseigne et une boutique. (Loi du 2 juillet 1862.) Ne sont point considérés comme compagnons ou apprentis la femme travaillant avec son mari, ni les enfants non mariés travaillant avec leurs père et mère, ni le simple manœuvre;

Les fabricants à métiers à façon ayant moins de dix ouvriers;

Lez savetiers, chiffonniers au crochet, porteurs d'eau, rémouleurs ambulants et garde-malades;

Le mari et la femme ne doivent qu'une patente, même lorsqu'ils sont séparés de biens, à moins que, dans ce dernier cas, ils n'aient des établissements distincts.

Les associés en nom collectif sont imposables, savoir : l'associé principal au droit fixe entier, les autres associés ne sont passibles que d'une partie du droit fixe égale au résultat de la division de ce droit par le nombre total des associés. La maison d'habitation de chacun des autres associés est affranchie du droit proportionnel, à moins qu'elle ne serve à l'exercice de l'industrie sociale; dans ce cas, elle est imposable sous le nom de l'associé principal.

Les associés secondaires ne doivent que le vingtième du droit fixe de l'associé principal; les associés dont la coopération se réduit à un simple travail manuel, ne doivent pas être imposés à la patente.

Les professions de fermiers de bacs, d'adjudicataires de droits d'octroi, de droits de places et d'adjudicaires de travaux publics, doivent être imposées, sans égard à la population, au droit fixe déterminé de 3 ou de 5 francs, selon la profession, et à un droit variable de *tant* par chaque 1,000 francs de prix d'adjudication.

Tous les individus exerçant au mois de janvier une profession imposable doivent être imposés pour l'année entière.

Les individus exerçant une profession qui, par sa nature, ne peut être exercée que pendant une partie de l'année, doivent également la contribution pour l'année entière.

Ceux qui entreprennent, dans le cours de l'année, une profession sujette à patente doivent être imposés à partir du 1er du mois dans lequel ils ont commencé d'exercer.

Les patentés qui, dans le cours de l'année, entreprennent une profession d'une classe supérieure à celle qu'ils exerçaient d'abord, ou qui transportent leur établissement dans une commune d'une plus forte population, doivent un supplément de droit fixe à partir du 1er du mois pendant lequel les changements ont été opérés.

Il est également dû, au prorata, un supplément de droit proportionnel pour les patentables qui prennent des maisons ou locaux d'une valeur locative supérieure à celle des maisons pour lesquelles ils ont été primitivement imposés, et par ceux qui entreprennent une profession passible d'un droit proportionnel plus élevé.

Indépendamment du droit fixe et du droit proportionnel, il est ajouté au principal de la contribution des patentes, en vertu des lois de finances, un nombre de centimes additionnels qui varie selon les besoins de l'Etat, des départements et des communes.

Le recensement des patentes est fait par le contrôleur des contributions directes, assisté du maire ou de son délégué; la matrice reste déposée pendant dix jours au secrétariat de la mairie, afin que les intéressés puissent en prendre connaissance et remettre leurs observations au maire.

La contribution des patentes est due pour l'année entière, excepté en cas de décès ou de faillite déclarée, où les droits ne sont dus que pour le passé et le mois courant; toutefois, il n'est accordé décharge du surplus de la taxe que sur la réclamation des héritiers ou du syndic.

En cas de cession d'établissement, la patente est, sur la demande du cédant, transférée à son successeur.

Commerces, industries et professions rangés par ordre alphabétique, avec désignation de la classe et du taux du droit proportionnel.

Nota. — Voir ci-dessous le tarif des droits fixes correspondant, selon la population, aux classes indiquées dans le tableau ci-après.

Les tarifs exceptionnels sont indiqués dans la nomenclature même, à la suite des professions qu'ils concernent.

Le signe * qui, dans la troisième colonne, précède le taux du droit proportionnel, veut dire que ce droit n'est pas dû dans les communes de 20,000 âmes et au-dessous.

Tarif général des professions imposées eu égard à la population :

CLASSES	DROIT FIXE DANS LES COMMUNES							
	au-dessus de 100,000 âmes.	de 50,001 à 100,000 âmes.	de 30,001 à 50,000 âmes.	de 20,001 à 30,000 âmes.	de 10,001 à 20,000 âmes.	de 5,001 à 10,000 âmes.	de 2,001 à 5,000 âmes.	de 2,000 âmes et au-dessous
	fr.	fr.	fr.	fr.	fr.	fr.	fr.	fr.
1	300	240	180	120	80	60	45	35
2	150	120	90	60	45	40	30	25
3	100	80	60	40	30	25	22	18
4	75	60	45	30	25	20	18	12
5	50	40	30	20	15	12	9	7
6	40	32	24	16	10	8	6	4
7	20	16	12	8	8	5	4	3
8	12	10	8	6	5	4	3	2

Sont réputés :

Marchands en gros,

Ceux qui vendent habituellement aux marchands en demi-gros, aux marchands en détail et à d'autres marchands (Loi du 18 mai 1850.);

Marchands en demi-gros,

Ceux qui vendent habituellement aux détaillants et aux consommateurs (Loi du 18 mai 1850.);

Marchands en détail,

Ceux qui ne vendent habituellement qu'aux consommateurs. (Loi du 18 mai 1850.)

COMMERCES, INDUSTRIES ET PROFESSIONS		Classé.	Taux du droit proportionnel.
A			
ABATTOIR public (Concessionnaire ou fermier d'). Droit proportionnel sur la maison d'habitation seulement		2e	15e
ABEILLES (Marchand d')		6e	20e
ACCORDEUR de pianos, harpes et autres instruments		7e	*40e
ACCOUCHEMENT (Chef de maison d')		5e	»
Droit proportionnel sur la maison d'habitation		»	20e
— — sur les locaux servant à l'exercice de la profession		»	40e
ACCOUTREUR		8e	*40e
ACHEVEUR en métaux		7e	*40e
ACIER fondu ou acier de cémentation (Fabrique d'). Droit fixe, 12 fr., plus 3 fr. 60 par ouvrier.			
Droit proportionnel sur la maison d'habitation et sur les magasins de vente		»	20e
— — sur l'établissement industriel		»	40e
ACIER poli (Fabricants d'objets en) pour son compte		5e	20e
— — à façon		7e	*40e
AFFICHES (Entrepreneur de la pose et de la conservation des)		6e	20e
AFFILOIRS (Marchand d')		8e	40e
AFFINEUR d'or, d'argent ou de platine		3e	15e
— de métaux autres que l'or, l'argent ou le platine		5e	20e
AGARIC (Marchand d')		6e	20e
AGENT d'affaires		4e	20e
AGENT de change :			
Droit fixe : à Paris	1.000 f.	»	10e
— dans les villes de 100,000 âmes et au-dessus	250	»	10e
— dans les villes de 50 à 100,000 âmes.	200	»	10e
— dans les villes de 30 à 50,000 âmes et dans les villes de 15 à 30,000 âmes qui ont un entrepôt réel	150	»	10e

COMMERCES, INDUSTRIES ET PROFESSIONS		Classe.	Taux du droit proportionnel
Droit fixe : dans les villes de 15 à 30,000 âmes et dans les villes d'une population inférieure à 15,000 qui ont un entrepôt réel	100	»	10e
— dans toutes les autres communes	75	»	10e
AGENT dramatique		6e	10e
AGRAFES (Fabricant d') par les procédés ordinaires, pour son compte		5e	20e
— — par procédés ordinaires, à façon		8e	*40e
— — par procédés mécaniques.—Droit fixe, 18 fr., plus 3 fr. 60 par ouvrier.			
Droit proportionnel sur la maison d'habitation et sur les magasins de vente		»	20e
— — sur l'établissement industriel		»	40e
AGRÉEUR (Service des navires.)		3e	15e
AGRÉEUR, dégustateur ou inspecteur des eaux-de-vie		5e	20e
AIGUILLES à coudre, à tricoter ou à métiers, pour faire des bas (Fabricant par procédés ordinaires ou par procédés mécaniques.—Droit fixe, 12 fr., plus 3 fr. 60 par ouvrier.			
Droit proportionnel sur la maison d'habitation et sur les magasins de vente		»	20e
— — sur l'établissement industriel		»	40e
AIGUILLES à coudre ou à faire des bas (fabricant par procédés ordinaires), à façon		8e	*40e
AIGUILLES à coudre et à tricoter (Marchand de) en gros		1re	10e
— — — — en demi-gros.		2e	15e
— — — — en détail		4e	20e
AIGUILLES pour les métiers à faire des bas (Monteur d')		8e	*40e
AIGUILLES, clefs et autres petits objets pour montres et pendules (Fabricant d') pour son compte		6e	20e
— clefs et autres petits objets pour montres et pendules (Fabricant d') à façon		8e	*40e
ALAMBIC (Loueur d')		7e	*40e
ALAMBICS et autres grands vaisseaux en cuivre (Fabricant ou marchand d')		4e	20e
ALBATRE (Fabricant ou marchand d'objets en)		5e	20e
ALEVIN (Marchand d')		7e	*40e
ALLÉGES (Maître d')		7e	*40e
ALLUMETTES chimiques (Fabricant et marchand d')		6e	20e
ALLUMETTES et amadou (Fabricant et marchand d')		8e	*40e
ALMANACHS ou annuaires (Editeurs-propriétaires d')		5e	20e
AMIDON (Fabrique d'). — Droit fixe, 12 fr., plus 3 fr. 60 par ouvrier.			
Droit proportionnel sur la maison d'habitation et sur les magasins de vente		»	20e
— — sur l'établissement industriel		»	25e
AMIDON (Marchand d') en gros		4e	20e
— — en détail		6e	20e
ANATOMIE (Fabricant de pièces d')		6e	20e
— (Tenant un cabinet d')		6e	20e
ANCHOIS (Saleur d')		4e	20e

COMMERCES, INDUSTRIES ET PROFESSIONS	Classe.	Taux du droit proportionnel
ANES (Marchand d').	6e	20e
ANES (Loueur d').	7e	*40e
ANNONCES et avis divers (Entrepreneur d'insertions d').	6e	20e
APPARAUX (Maître d').	4e	20e
APPAREILS et ustensiles pour l'éclairage au gaz (Fabricant d')	5e	20e
APPEAUX pour la chasse (Fabricant d').	8e	*40e
APPRÉCIATEUR au Mont-de-Piété.	4e	20e
APPRÉCIATEUR d'objets d'art.	6e	20e
APPRÊTEUR de barbes ou fanons de baleine.	7e	*40e
— de bas et autres objets de bonneterie.	7e	*40e
— de chapeaux de feutre.	8e	*40e
— de chapeaux de paille.	5e	20e
— d'étoffes pour les fabriques. — Droit fixe, 18 fr., plus 3 fr. 60 par ouvrier.		
Droit proportionnel sur la maison d'habitation et sur les magasins de vente.	»	20e
— — sur l'établissement industriel.	»	50e
APPRÊTEUR d'étoffes pour les particuliers.	5e	20e
— de peaux.	6e	20e
— de plumes, laines, duvet et autres objets de literie.	6e	20e
APPROPRIEUR de chapeaux (pour les chapeliers).	8e	*40e
ARBITRE rapporteur près les tribunaux de commerce.	4e	20e
ARCHETS (Fabricant d').	7e	*40e
ARCHITECTE.	»	15e
ARÇONNEUR.	8e	*40e
ARÇONS (Fabricant ou ferreur d').	7e	*40e
ARDOISES (Marchand en gros d').	3e	15e
— (Marchand d').	6e	20e
ARDOISIÈRES (Exploitant d').—Droit fixe, 12 fr., plus 3 fr. 60 par ouvrier.		
Droit proportionnel sur la maison d'habitation et sur les magasins de vente.	»	20e
— — sur l'établissement industriel.	»	25e
ARMATEUR pour le long cours. — Droit fixe, 0,48 c. par chaque tonneau.	»	15e
— pour le grand et le petit cabotage. — Droit fixe, 0,30 c. par chaque tonneau.	»	15e
ARMES BLANCHES (Fabrique d'). — Droit fixe. 120 f.	»	
ARMES DE GUERRE (Manufacture d'). — Droit fixe.. 480	»	
Pour ces deux industries :		
Droit proportionnel sur la maison d'habitation et sur les magasins de vente.	»	20e
— — sur l'établissement industriel.	»	40e
ARMURIER.	5e	20e
ARMURIER à façon et armurier rhabilleur.	7e	*40e
ARPENTEUR.	7e	*40e
ARRIMEUR.	6e	20e
ARROSAGE (Entreprise générale de l').	2e	20e
— (Entreprise particulière).	6e	20e
ARTIFICIER.	6e	20e
ARTISTE en cheveux.	8e	*40e

COMMERCES, INDUSTRIES ET PROFESSIONS		Classe.	Taux du droit proportionnel
ASSEMBLEUR ou brocheur		8e	*40c
ASSORTISSEUR (Marchand de petit coupons d'étoffes)		6e	20c
ASSURANCES non mutuelles :			
Dont les opérations s'étendent à plus de 20 départements. — Droit fixe	1,200 f. »	»	15c
Dont les opérations s'étendent de 6 à 20 départements. — Droit fixe	600 »	»	15c
Dont les opérations s'étendent à moins de 6 départements. — Droit fixe	360 »	»	15c
ASSUREUR maritime :			
A Paris. — Droit fixe	250 »	»	10c
Dans les villes de 50,000 âmes et au-dessus. — Droit fixe	200 »	»	10c
Dans les villes de 30 à 50,000 âmes et dans celles de 15 à 30,000 qui ont un entrepôt réel. — Droit fixe	150 »	»	10c
Dans les villes de 15 à 30,000 âmes et dans les villes au-dessous de 15,000 âmes qui ont un entrepôt réel. — Droit fixe	100 »	»	10c
Dans toutes les autres communes.—Droit fixe	50 »	»	10c
ATTELLES pour colliers de bêtes de trait (Fabricant et marchand d')		7e	*40c
AUBERGISTE		4e	20c
— (ne logeant qu'à pied ou à cheval)		5e	20c
AVIRONNIER		7e	*40c
AVOCAT		»	15c
AVOUÉ		»	15c

B

		Classe.	Taux du droit proportionnel
BAC (Fermier de). — Droit fixe, 6 fr., plus 2 fr. 40 par 1,000 fr. du prix de ferme		»	15c
BADIGEONNEUR		7e	*40c
BAIES de genièvre (Marchand de)		6e	20c
BAINS publics et douches (Entrepreneur de)		5e	»
Droit proportionnel sur la maison d'habitation		»	20c
— — sur les locaux servant à l'exercice de la profession		»	40c
BAINS de rivière en pleine eau, bains de mer ou à la lame (Entrepreneur de)		6e	»
Droit proportionnel sur la maison d'habitation		»	20c
— — sur les locaux servant à l'exercice de la profession		»	40c
BALAIS (Marchand expéditeur de)		4e	20c
BALAIS de bouleau, de bruyère et de grand millet (Marchand avec voiture ou bête de somme)		8e	*40c
BALANCIERS (Marchand de)		5e	20c
— (Fabricant de) pour son compte		6e	20c
— — à façon		7e	*40c
BALANÇONS (Marchand de)		6e	20c

COMMERCES, INDUSTRIES ET PROFESSIONS			Classe	Taux du droit proportionnel.
Balayage (Entreprise générale du)			2e	20e
— (Entreprise partielle du)			6e	20e
Baleine (Marchand de brins de)			4e	20e
Ballons pour lampe (Fabricant de) pour son compte			7e	*40e
— — — à façon			8e	*40e
Bals publics (Entrepreneur de)			5e	20e
Bandagiste			6e	20e
— à façon			7e	*40e
Banque de France, y compris ses comptoirs. — Droit fixe	24.000 f. »	»		15e
Banquier :				
A Paris. — Droit fixe	1.000 »	»		10e
Dans les villes de 50,000 âmes et au-dessous. — Droit fixe	500 »	»		10e
Dans les villes de 30 à 50,000 âmes, et dans celles de 15 à 30,000 âmes, avec entrepôt réel. — Droit fixe	400 »	»		10e
Dans les villes de 15 à 30,000 âmes et dans celles inférieures à 15,000, avec entrepôt réel. — Droit fixe	300 »	»		10e
Dans toutes les autres communes. — Droit fixe	200 »	»		10e
Barbier			8e	*40e
Bardeaux (Fabricant de) pour son compte			7e	*40e
— — à façon			8e	*40e
— (Marchand de)			6e	20e
Baromètres (Fabricant ou marchand de)			6e	20e
Barques, bateaux ou canots (Constructeur de)			6e	20e
Barques et bateaux (Entrepreneur de transport de marchandises par).—Droit fixe, 0,06 c. par tonneau de la capacité brute des barques et bateaux		»		15e
Bas et bonneterie (Marchand de) en gros			1re	10e
— — en demi-gros			2e	20e
— — en détail			4e	20e
Bateaux à laver (Exploitant de)			6e	20e
Bateaux à vapeur remorqueurs (Entreprise de). — Droit fixe	180 »	»		15e
Bateaux et paquebots à vapeur (Transport des voyageurs. — Entrepreneur.) Voyage de long cours. — Droit fixe	360 »	»		15e
Bateaux et paquebots à vapeur (voyageurs et marchandises), sur fleuves, rivières et le long des côtes. — Droit fixe	240 »	»		15e
Batelier			8e	*40e
Batier			7e	*40e
Batiments (Entrepreneur de)			3e	15e
Batonnier			8e	*40e
Batteur de laines par procédés mécaniques. — Droit fixe, 18 fr., plus 3 fr. 60 par ouvrier. Droit proportionnel sur la maison d'habitation et sur les magasins de vente		»		20e

COMMERCES, INDUSTRIES ET PROFESSIONS	Classe.	Taux du droit proportionnel
Droit proportionnel sur l'établissement industriel.........	»	40e
BATTEUR d'or et d'argent............................	6e	20e
BATTOIRS de paume (Fabricant de)....................	7e	*40e
BAUDELIER..	8e	*40e
BAUDRUCHE (Apprêteur de)...........................	6e	20e
BAZAR de voitures (Tenant)...........................	3e	15e
BAZAR d'articles de ménage et de bimbeloterie (Tenant un)...	6e	20e
BESTIAUX (Marchand expéditeur de). — Droit fixe... 60 f. »	»	15e
BEURRE frais ou salé (Marchand de) en gros.............	1re	10e
— — — en demi-gros..........	2e	15e
— — — en détail.............	6e	20e
BIBERONS (Fabricant de) pour son compte..............	6e	20e
— — à façon.....................	7e	*40e
BIÈRE (Entrepositaire ou marchand en gros de)...........	3e	15e
BIÈRE ou cidre (Marchand de) en détail.................	6e	20e
BIJOUTIER (Marchand-fabricant ayant atelier et magasin.)....	2e	15e
— (Marchand n'ayant point d'atelier).............	3e	15e
— (Fabricant pour son compte sans magasin.).......	5e	20e
— à façon.....................................	7e	*40e
BIJOUTIER en faux (Fabricant pour son compte)............	6e	20e
— — à façon......................	7e	*40e
BIJOUX en faux (Marchand de).......................	5e	20e
BILLARD (Maître de).................................	4e	20e
BILLARDS (Fabricant de) ayant magasin.................	4e	20e
— — sans magasin.................	6e	20e
BIMBELOTIER (Fabricant) sans boutique ni magasin.........	7e	*40e
— (Marchand en gros)......................	1r	10e
— (Marchand en demi-gros)..................	3e	20e
— (Marchand en détail).....................	7e	*40e
BISCUITS de mer (Fabrique de). — Droit fixe...... 60 »	»	»
Droit proportionnel sur la maison d'habitation et sur les magasins de vente................	»	20e
— — sur l'établissement industriel.........	»	40e
BISETTE (Fabricant et marchand de).....................	6e	20e
BLANC de baleine (Raffinerie de). — Droit fixe, 18 fr., plus 3 fr. 60 par ouvrier.		
Droit proportionnel sur la maison d'habitation et sur les magasins de vente................	»	20e
— — sur l'établissement industriel.........	»	25e
BLANC de craie (Fabricant et marchand de)................	6e	20e
BLANCHISSERIE de toiles, fils, étoffes, pour le commerce, par procédés mécaniques ou chimiques. — Droit fixe, 18 fr., plus 3 fr. 60 par ouvrier.		
Droit proportionnel sur la maison d'habitation...........	»	20e
— — sur l'établissement industriel.........	»	40e
BLANCHISSEUR de bas de soie..........................	8e	*40e
BLANCHISSEUR de chapeaux de paille....................	7e	*40e
BLANCHISSEUR de fin................................	7e	*40e
BLANCHISSEUR de linge ayant un établissement de buanderie...	6e	»
Droit proportionnel sur la maison d'habitation...........	»	20e

COMMERCES, INDUSTRIES ET PROFESSIONS	Classe.	Taux du droit proportionnel
Droit proportionnel sur les locaux servant à l'exercice de la profession	»	40c
BLANCHISSEUR de linge sans établissement de buanderie	8e	*40c
BLANCHISSEUR de toiles et fils pour les particuliers	5e	20c
BLANCHISSEUR sur pré	7e	*40c
BLATIER avec voiture	5e	20c
BLATIÈR avec bêtes de somme	6e	20c
BLONDES (Marchand de) en gros	1re	10c
— — en demi-gros	2e	15c
— — en détail	4e	20c
BLUTEAUX ou blutoirs (Fabricant et marchand de)	6e	20c
BOBINES pour les manufactures (Fabricant de)	8e	*40c
BŒUFS (Marchand de)	3e	15c
BOIS à brûler (Marchand de). Celui qui, ayant chantier ou magasin, vend au stère ou par quantité équivalente ou supérieure, et aussi lorsqu'il est adjudicataire de coupes.	1re	»
Droit proportionnel sur la maison d'habitation	»	10c
— — sur les locaux servant à l'exercice de la profession	»	30c
BOIS à brûler (Marchand de). Celui qui, n'ayant ni chantier ni magasin, vend sur bateaux ou sur les ports, au stère ou par quantité équivalente ou supérieure	2e	15c
BOIS à brûler (Marchand de). Celui qui, n'ayant ni chantier, ni magasin, ni bateau, vend par voiture au domicile des consommateurs	5e	20c
BOIS à brûler (Marchand de) qui vend à la falourde, au fagot ou au cotret	8e	*40c
BOIS d'allumettes (Fabrique de) par procédés mécaniques. — Droit fixe, 18 fr., plus 3 fr. 60 par ouvrier.		
Droit proportionnel sur la maison d'habitation et sur les magasins de vente	»	20c
— — sur l'établissement industriel	»	40c
BOIS de bateaux (Marchand de)	5e	20c
BOIS de boissellerie (Marchand de)	5e	20c
BOIS de brosses (Fabrique de) par procédés mécaniques. — Droit fixe, 6 fr. par perçoir.		
Droit proportionnel sur la maison d'habitation et sur les magasins de vente	»	20c
— — sur l'établissement industriel	»	40c
BOIS d'ébénisterie (Marchand de)	3e	15c
BOIS de galoches et de socques (Faiseur de)	8e	*40c
BOIS de marine ou de construction (Marchand de)	1re	»
BOIS de sciage (Marchand de) en gros	1re	»
Droit proportionnel sur la maison d'habitation	»	10c
— — sur les locaux servant à l'exercice de la profession	»	30c
BOIS de sciage (Marchand de). Si, ayant chantier ou magasin, il ne vend qu'aux menuisiers, ébénistes, charpentiers et aux particuliers	3e	15c
BOIS sur pied (Entrepreneur par adjudication de l'abattage et		

COMMERCES, INDUSTRIES ET PROFESSIONS	Classe.	Taux du droit proportionnel
du façonnage des). — Droit fixe, 3 fr. 60, plus 2 fr. 40 par 1,000 fr. du prix de l'entreprise.		
Droit proportionnel sur la maison d'habitation seulement	»	1,5e
Bois de teinture (Marchand de) en demi-gros	2e	15e
— — — en détail	4e	20e
Bois de volige (Marchand de)	5e	20e
Bois en grume ou de charronnage (Marchand de)	3e	15e
Bois feuillard (Marchand de)	5e	20e
Bois merrains (Marchand de) en gros. S'il vend par bateaux ou charrettes	1re	»
Droit proportionnel sur la maison d'habitation	»	10e
— — sur les locaux servant à l'exercice de la profession	»	30e
Bois merrains (Marchand de). S'il ne vend qu'aux tonneliers et aux particuliers	6e	20e
Boiseries (Marchand de vieilles)	6e	20e
Boisselier	7e	*40e
Boisselier (Fabricant) à façon	8e	*40e
Boisselier (Marchand en gros)	4e	20e
Boisselier (Marchand en détail)	6e	20e
Boites de pendules en zinc doré ou bronzé (Fabricant ou marchand de)	5e	20e
Boites et bijoux à musique (Fabricant pour son compte de mécaniques pour)	5e	20e
Boites et bijoux à musique (Fabricant à façon de mécaniques pour)	7e	*40e
Bombagiste	6e	20e
Bombeur de verres	6e	20e
Bonbons et confiseries (Revendeur de)	7e	*40e
Bossetier	6e	20e
Bottes remontées (Marchand de)	7e	*40e
Bottier ou cordonnier (Marchand). Celui qui tient magasin de chaussures	4e	20e
Bottier ou cordonnier travaillant sur commande	6e	20e
Bottier ou cordonnier à façon. Celui travaillant pour des maîtres qui lui fournissent la matière	8e	*40e
Boucher (Marchand)	4e	20e
Boucher à la cheville. Celui qui revend la viande achetée par quartiers	5e	20e
Boucher en petit bétail	6e	20e
Bouchonnier	6e	20e
Bouchons de liége (Fabrique de) par procédés mécaniques. — Droit fixe, 1 fr. 20 par lame. Le droit sera réduit de moitié en cas de chômage forcé pendant quatre mois.		
Droit proportionnel sur la maison d'habitation et sur les magasins de vente	»	20e
— — sur l'établissement industriel	»	40e
Bouchons (Marchand de) en gros	3e	15e
— — en détail	6e	20e
Bouchons de flacons (Ajusteur de)	8e	*40.
Bouclerie (Fabricant de) pour son compte	5e	20e
— — à façon	8e	*40e

COMMERCES, INDUSTRIES ET PROFESSIONS	Classe.	Taux du droit proportionnel
BOUES (Entreprise générale de l'enlèvement des)	2e	15e
— (Entreprise partielle de l'enlèvement des)	6e	20e
BOUGIES, cierges, etc. (Fabrique de).—Droit fixe, 18 fr., plus 3 fr. 60 par ouvrier.		
Droit proportionnel sur la maison d'habitation et sur les magasins de vente	»	20e
— — sur l'établissement industriel	»	25e
BOUGIES (Marchand de)	5e	20e
BOUILLEUR ou brûleur d'eau-de-vie	6e	20e
BOUILLON et bœuf cuit (Marchand de)	6e	20e
BOULANGER	5e	20e
BOULES à teinture (Fabricant de)	4e	20e
BOULES vulnéraires, dites d'acier (Fabricant de)	7e	*40e
BOUQUETIÈRE (Marchande) en boutique	7e	*40e
BOUQUINISTE	7e	*40e
BOURRE de soie (Marchand de)	6e	20e
BOURRELETS d'enfants (Fabricant et marchand de)	7e	*40e
BOURRELIER	6e	20e
BOURSES, gants, mitaines et autres ouvrages à maille (Fabricant de)	7e	*40e
BOUTEILLES de verre (Marchand de)	5e	20e
BOUTONS de métal, corne, cuir bouilli, etc. (Fabricant de) pour son compte	5e	20e
BOUTONS de métal, corne, cuir bouilli, etc. (Fabricant de) à façon	8e	*40e
BOUTONS de soie (Fabricant de) pour son compte	7e	*40e
— — — à façon	8e	*40e
BOYAUDIER	6e	20e
BRAIS, goudrons, poix, résines et autres matières analogues (Fabrique de). — Droit fixe 30 »		
Droit proportionnel sur la maison d'habitation et sur les magasins de vente	»	20e
— — sur l'établissement industriel	»	25e
BRASSERIE. — Droit fixe de 84 centimes par hectolitre de capacité brute de toutes les chaudières, réductible de moitié pour celles qui ne brassent que quatre fois l'an, et d'un quart pour celles qui ne brassent que huit fois.		
Droit proportionnel sur la maison d'habitation et sur les magasins de vente	»	20e
— — sur l'établissement industriel	»	40e
BRASSEUR à façon	6e	20e
BRETELLES et jarretières (Fabricant de), pour son compte	6e	20e
— — à façon	8e	*40e
— — (Marchand de)	6e	20e
BRIOLEUR avec bête de somme	8e	*40e
BRIOU (Fabricant de)	6e	20e
BRIQUES (Fabrique de). — Droit fixe, 6 fr., plus 2 fr. 40 par ouvrier.		
Droit proportionnel sur la maison d'habitation et sur les magasins de vente	»	20e
— — sur l'établissement industriel	»	25e

COMMERCES, INDUSTRIES ET PROFESSIONS	Classe.	Taux du droit proportionnel
BRIQUES combustibles (Fabrique de). — Droit fixe : 18 fr., plus 3 fr. 60 par ouvrier.		
Droit proportionnel sur la maison d'habitation et sur les magasins de vente..................	»	20ᶜ
— — sur l'établissement industriel.........	»	40ᶜ
BRIQUES (Marchand de)........................	6ᶜ	20ᶜ
BRIQUETS phosphoriques et autres (Fabricant de)...........	6ᶜ	20ᶜ
— — — (Marchand de)...........	7ᶜ	*40ᶜ
BRIQUETIER à façon........................	8ᶜ	*40ᶜ
BROCANTEUR en boutique ou magasin...................	5ᶜ	20ᶜ
— dans les ventes (sans boutique ni magasin).....	7ᶜ	*40ᶜ
BROCANTEUR d'habits en boutique....................	6ᶜ	20ᶜ
— — sans boutique...............	8ᶜ	*40ᶜ
BROCHES et cannelets pour la filature (Fabricant de) pour son compte........................	5ᶜ	20ᶜ
BROCHES et cannelets pour la filature (Fabricant de) à façon..	8ᶜ	*40ᶜ
BROCHES pour la filature (Rechargeur de)...............	7ᶜ	*40ᶜ
BROCHES ou bondons en bois (Fabricant de). Voir TOURNEUR.	»	»
BRODERIES (Blanchisseur et apprêteur de)...............	7ᶜ	*40ᶜ
— (Dessinateur et imprimeur de)...............	7ᶜ	*40ᶜ
— (Fabricant et marchand de) en gros...........	3ᶜ	20ᶜ
— (Fabricant et marchand de) en détail...........	5ᶜ	20ᶜ
— (Fabricant de) à façon...................	7ᶜ	*40ᶜ
— (Fabricant et marchand de) en demi-gros........	4ᶜ	20ᶜ
BRODEUR sur étoffes, en or et en argent................	4ᶜ	20ᶜ
BRONZE (Metteur en). Celui qui met en couleur de bronze des pendules, candélabres et autres objets en métaux.......	7ᶜ	*40ᶜ
BRONZES, dorures et argentures sur métaux (Marchand de) en gros........................	1ʳᵉ	10ᶜ
BRONZES, dorures et argentures sur métaux (Marchand de) en demi-gros........................	2ᶜ	15ᶜ
BRONZES, dorures et argentures sur métaux (Marchand de) en détail........................	4ᶜ	20ᶜ
BROSSES (Fabricant de bois pour)....................	8ᶜ	*40ᶜ
BROSSIER (Fabricant) pour son compte.................	6ᶜ	20ᶜ
— — à façon...................	8ᶜ	*40ᶜ
— (Marchand)....................	6ᶜ	20ᶜ
BROYEUR à bras........................	8ᶜ	*40ᶜ
BRUNISSEUR. Celui qui brunit les ouvrages d'or et d'argent. (D. ad.)........................	7ᶜ	*40ᶜ
BUANDERIE (Loueur d'établissement de). Celui qui loue à tout venant un établissement de buanderie muni de ses ustensiles et appareils........................	7ᶜ	*40ᶜ
BUCHES, briquettes factices, mottes à brûler (Marchand de)...	8ᶜ	*40ᶜ
BUFFLETIER (Fabricant) pour son compte..................	7ᶜ	*40ᶜ
— — à façon...................	8ᶜ	*40ᶜ
BUFFLETIER (Marchand)........................	6ᶜ	20ᶜ
BUIS ou racines de buis (Marchand de)..................	6ᶜ	20ᶜ
BUREAU de distribution d'imprimés, de cartes de visites, etc. (Entrepreneur d'un)........................	5ᶜ	20ᶜ
BUREAU d'indication pour la vente ou la location des propriétés,		

COMMERCES, INDUSTRIES ET PROFESSIONS	Classe.	Taux du droit propor- tionnel
bureau de renseignements divers....................	5e	20e
BUREAU de placement (Tenant un).......................	7e	*40e
BUSTES en cire pour les coiffeurs (Fabricant de)...........	7e	*40e
BUSTES et figures en plâtre ou en terre (Mouleur ou marchand de)...................................	6e	20e

C

CABARETIER. Le cabaretier non muni d'une licence n'en est pas moins imposable à la patente. (Arr. C. 17 fév. 1843)	6e	20e
CABARETIER et marchand de bière ou de cidre en détail, ayant billard...................................	5e	20e
CABAS (Faiseur de)......................	8e	*40e
CABINET d'aisances public (Tenant un).................	6e	20e
CABINET de figures en cire (Tenant un).................	7e	*40e
CABINET de lecture (Tenant un) où l'on donne à lire les journaux et les nouveautés littéraires....................	6e	20e
CABINET où l'on donne à lire les journaux seulement.......	7e	*40e
CABINET particulier de tableaux, d'objets d'histoire naturelle ou d'antiquités (Tenant un)...................	7e	*40e
CABRIOLETS (Maître de station de)....................	7e	*40e
CABRIOLETS, fiacres, sous remise ou sur place (Entreprise de). — Droit fixe, 10 fr., plus 2 fr. par voiture en circulation dans les villes au-dessus de 100,000 âmes ; 1 fr. 50 dans celles de 50 à 100,000, et 1 fr. dans celles au-dessous de 50,000 âmes, le tout jusqu'au maximum de 1,000 fr.		
Droit proportionnel sur les locaux consacrés à l'habitation.	»	15e
— — sur les locaux servant à l'exercice de la profession......................	»	10e
CACHEMIRES de l'Inde (Marchand de)...................	1re	10e
CADRANS de montres et de pendules (Fabricant de) pour son compte...................................	6e	20e
CADRANS de montres et de pendules (Fabricant de) à façon..	8e	*10e
CADRES pour glaces et tableaux (Marchand de)............	6e	20e
CAFÉ de chicorée, de glands et autres matières analogues (Fabrique de). — Droit fixe, 18 fr., plus 3 fr. 60 par ouvrier.		
Droit proportionnel sur la maison d'habitation et sur les magasins de vente...................	»	20e
— — sur l'établissement industriel..........	»	25e
CAFÉ-crèmerie ou restaurant-crèmerie (Tenant un).........	6e	20e
CAFÉ naturel et café de chicorée en poudre (Marchand de)...	6e	20e
CAFÉ tout préparé (Débitant de)......................	8e	*40e
CAFETIER...................................	4e	20e
CAFETIÈRES, bouillottes, marabouts (Fabricant ou marchand de)	6e	20e
— — — (Fabricant de) à façon....	8e	*10e
CAGES, souricières et tournettes (Fabricant de)............	8e	*10e
CAISSE d'escompte (Tenant).......................	1re	10e
CAISSE ou comptoir d'avances ou de prêts (Tenant).........	1re	10e

COMMERCES, INDUSTRIES ET PROFESSIONS	Classe.	Taux du droit proportionnel
CAISSE ou comptoir de recettes et de payements (Tenant)....	1re	10e
CAISSES de tambours (Facteurs de)........................	6e	20e
CALANDREUR d'étoffes neuves	5e	20e
— de vieilles étoffes ou de chapeaux de paille.....	7e	*40e
CALFAT (Radoubeur de navires)	6e	20e
CALORIFÈRES pour le chauffage des maisons, serres, etc. (Entrepreneur de la construction ou fabricant de) — Droit fixe, 18 fr., plus 3 fr. 60 par ouvrier.		
Droit proportionnel sur la maison d'habitation et sur les magasins de vente	»	20e
— — sur l'établissement industriel	»	40e
CAMBREUR de tiges de bottes......................	7e	*40e
CAMÉES faux ou moulés (Fabricant de).................	7e	*40e
CANAUX navigables avec péage ou canaux d'irrigation (Concessionnaire de). — Droit fixe, 240 fr., plus 24 fr. par myriamètre complet en sus du premier................	»	15e
CANEVAS (Dessinateur de).............................	8e	*40e
CANNELLES et robinets en cuivre (Fabricant de) pour son compte	6e	20e
CANNELLES et robinets en cuivre (Fabricant de) à façon.....	7e	*40e
CANNES (Fabricant de) pour son compte..................	7e	*40e
— — à façon	8e	*40e
— (Marchand de) en boutique.....................	6e	20e
CANNETILLE (Fabricant de)..........................	7e	*40e
CANTINIER dans les prisons, hospices et autres établissements publics..	6e	20e
CAOUTCHOUC et autres matières semblables (Établissement mécanique pour la préparation ou pour l'emploi du).—Droit fixe, 18 fr., plus 3 fr. 60 par ouvrier.		
Droit proportionnel sur la maison d'habitation et sur les magasins de vente	»	20e
— — sur l'établissement industriel	»	40e
CAOUTCHOUC, gutta-percha et autres matières semblables (Fabricant ou marchand d'objets confectionnés ou d'étoffes garnies en)...............................	4e	20e
CAPARAÇONNIER pour son compte......................	6e	20e
— à façon........................	8e	*40e
CAPSULES métalliques pour boucher les bouteilles (Fabricant de)	6e	20e
CAPSULES ou amorces de chasse (Fabricant de). — Droit fixe, 60 fr.		
Droit proportionnel sur la maison d'habitation et sur les magasins de vente	»	20e
— — sur l'établissement industriel	»	25e
CARACTÈRES d'imprimerie (Fondeur de).................	3e	15e
— — — à façon	7e	*40e
CARACTÈRES d'imprimerie (Graveur en).................	7e	*40e
CARACTÈRES mobiles en bois ou en terre cuite (Fabricant et marchand de).....................	7e	*40e
CARACTÈRES mobiles en métal (Fabricant de).............	5e	20e
CARAMEL (Fabrique de) . — Droit fixe, 18 fr., plus 3 fr. 60 par ouvrier.		

COMMERCES, INDUSTRIES ET PROFESSIONS	Classe.	Taux du droit proportionnel
Droit proportionnel sur la maison d'habitation et sur les magasins de vente	»	20e
— — sur l'établissement industriel	»	25e
CARCASSES ou montures de parapluies (Fabricant de) pour son compte	7e	*40e
CARCASSES ou montures de parapluies (Fabricant de) à façon.	8e	*40e
CARCASSES pour modes (Fabricant de)	8e	*40e
CARDES (Fabricant de) par les procédés ordinaires, pour son compte	6e	20e
CARDES (Fabricant de) par les procédés ordinaires, à façon . .	8e	*40e
CARDES (Manufacture de) par procédés mécaniques. — Droit fixe, 30 fr., plus 6 fr. par métier.		
Droit proportionnel sur la maison d'habitation et sur les magasins de vente	»	20e
— — sur l'établissement industriel	»	50e
CARDEUR de laine, de coton, de bourre de soie, etc.	7e	*40e
CARREAUX à carreler (Marchand de)	6e	20e
CARRELEUR	7e	*40e
CARRÉS de montres (Fabricant de) pour son compte	6e	20e
— — — à façon	8e	*40e
CARRIÈRES souterraines ou à ciel ouvert (Exploitant de). — Droit fixe, 6 fr., plus 3 fr. 60 par ouvrier.		
Droit proportionnel sur la maison d'habitation seulement . .	»	15e
CARRIOLES (Loueur de)	7e	*40e
CARROSSIER (Fabricant)	2e	15e
CARROSSIER (Raccommodeur)	5e	20e
CARTES à jouer (Marchand de)	6e	20e
CARTES de géographie (Marchand de)	6e	20e
CARTIER (Fabricant de cartes à jouer.)	4e	20e
CARTON en feuilles (Fabricant de) pour son compte	6e	20e
— — — à façon	7e	*40e
CARTON en pâte ou en feuilles (Marchand de)	6e	20e
CARTON ou carton-pierre (Marchand et fabricants d'ornements en pâte de)	3e	15e
CARTONNAGE (Fabrique de). — Droit fixe, 36 fr. par cuve; moitié seulement pour les fabriques qui sont forcées de chômer.		
Droit proportionnel sur la maison d'habitation et sur les magasins de vente	»	20*
— — sur l'établissement industriel	»	40e
CARTONNAGE fin (Fabricant et marchand de)	5e	20e
CARTONS pour bureau (Fabricant de) pour son compte	6e	20e
— — — à façon	8e	*40e
CASQUETTES, toques, bonnets carrés et autres (Fabricant ou marchand de)	6e	20e
CASQUETTES (Fabricant de) à façon	8e	*40e
CASTINE et marne (Marchand de)	8e	*40e
CEINTURONNIER pour son compte	7e	*40e
— à façon	8e	*40e
CENDRES (Laveur de)	6e	20e
CENDRES gravelées (Fabrique de). — Droit fixe, 30 fr.		

COMMERCES, INDUSTRIES ET PROFESSIONS	Classe.	Taux du droit proportionnel
Droit proportionnel sur la maison d'habitation et sur les magasins de vente	»	20e
— — sur l'établissement industriel	»	25e
CENDRES noires (Extracteur de). — Droit fixe, 6 fr., plus 3 fr. 60 par ouvrier.		
Droit proportionnel sur la maison d'habitation seulement..	»	15e
CENDRES ordinaires (Marchand de)	7e	*40e
CERCLES ou cerceaux (Marchand de)	6e	20e
CERCLES et Sociétés littéraires (Entrepreneur d'établissements pour les)	4e	20e
CERCLES et Sociétés (Fournisseur des objets de consommation dans les)	5e	»
Droit proportionnel sur la maison d'habitation seulement..	»	20e
CERCLIER	8e	*40e
CHAINES de fil, laine ou coton, préparées pour la fabrication des tissus	6e	20e
CHAISES (Empailleur de)	8e	*40e
CHAISES fines (Marchand et fabricant de)	6e	20e
CHAISES communes (Marchand et fabricant de)	8e	*40e
CHAISES (Loueur de). — Droit fixe, 3 fr. 60, plus 2 fr. 40 par 1,000 fr. du prix de ferme.		
Droit proportionnel sur la maison d'habitation seulement..	»	15e
CHAISES à porteur (Loueur de)	8e	*40e
CHALES (Marchand de) en gros	1re	10e
— — en détail	3e	15e
CHAMOISEUR pour son compte	6e	20e
— à façon	8e	*40e
CHANDELIERS en fer et en cuivre (Fabricant de) pour son compte	6e	20e
CHANDELIERS en fer et en cuivre (Fabricant de) à façon.....	8e	*40e
CHANDELLES (Fabrique de).—Droit fixe, 12 fr., plus 3 fr. 60 par ouvrier.		
Droit proportionnel sur la maison d'habitation et sur les magasins de vente	»	20e
— — sur l'établissement industriel	»	25e
CHANDELLES (Marchand de) en détail	5e	20e
CHANGEUR de monnaies	1re	10e
CHANVRE (Marchand de) en détail	6e	20e
CHAPEAUX de feutre, de soie ou de paille (Fabricant de).....	4e	20e
CHAPEAUX de feutre, de soie et de paille (Marchand de) en gros	1re	10e
CHAPEAUX de feutre, de soie et de paille (Marchand de) en demi-gros..	2e	15e
CHAPEAUX de paille (Marchand de) en détail	5e	20e
CHAPEAUX (Fabricant de coiffes de)	8e	*40e
— (Garnisseur de)	8e	*40e
— (Marchand de vieux) en boutique ou en magasin..	8e	*40e
CHAPELETS (Fabricant et marchand de)	7e	*40e
CHAPELIER en fin	5e	20e
— en grosse chapellerie..........................	6e	20e
CHAPELIER à façon...................................	7e	*40e

COMMERCES, INDUSTRIES ET PROFESSIONS	Classe.	Taux du droit proportionnel
CHAPELLERIE (Marchand de matières premières pour la).....	1re	10e
— (Marchand de fournitures pour la)...........	5e	20e
CHARBON de bois (Marchand de) en gros.................	1re	»
Droit proportionnel sur la maison d'habitation...........	»	10e
— — sur les locaux servant à l'exercice de la profession......................	»	30e
CHARBON de bois (Marchand de) en demi-gros.............	5e	20e
— — en détail	8e	*40e
CHARBON de terre épuré ou non (Marchand de) en gros	1re	10e
Droit proportionnel sur la maison d'habitation...........	»	15e
— — sur les locaux servant à l'exercice de la profession	»	30e
CHARBON de terre épuré ou non (Marchand de) en demi-gros.	5e	20e
— — en détail	8e	*40e
CHARBONNIER-cuiseur	7e	*40e
CHARBONNIER-voiturier	8e	*40e
CHARCUTIER..	4e	20e
CHARCUTIER-revendeur	6e	20e
CHARDONS pour le cardage (Marchand de) en gros.........	3e	15e
CHARGEMENT et déchargement des bateaux, navires et des voitures de chemin de fer (Entrepreneur de)...........	6e	20e
CHARNIÈRES en fer, cuivre ou fer-blanc (Fabricant de) par les procédés ordinaires, pour son compte................	7e	*40e
CHARNIÈRES en fer, cuivre ou fer-blanc (Fabricant de) par les procédés ordinaires, à façon	8e	*40e
CHARPENTIER......................................	6e	20e
— à façon........................	7e	*40e
— (Entrepreneur fournisseur)....................	4e	20e
CHARPIE (Fabrique de) par procédés mécaniques. — Droit fixe, 6 fr. par carde.		
Droit proportionnel sur la maison d'habitation et sur les magasins de vente	»	20e
— — sur l'établissement industriel	»	40e
CHARRÉE, cendres noires et autres amendements analogues (Marchand de).................................	6e	20e
CHARRETTES (Loueur de).............................	8e	*40e
CHARRON	6e	20e
— à façon.....................................	7e	*20e
CHASSE (Marchand d'ustensiles de)....................	5e	20e
CHASSES de lunettes (Fabricant de) pour son compte........	6e	20e
— — — à façon...............	8e	*40e
CHASUBLIER (Marchand)	4e	20e
— à façon	7e	*40e
CHAUDIÈRES en cuivre (Fabricant de)..................	4e	20e
CHAUDRONNERIE pour les appareils à vapeur, à distiller, à concentrer, etc. (Fabrique de). — Droit fixe.. 240 »		
Droit proportionnel sur la maison d'habitation et sur les magasins de vente..................	»	20e
— — sur l'établissement industriel	»	40e
CHAUDRONNIER (Marchand)	5e	20e
CHAUDRONNIER-rhabilleur ,..........................	7e	*40e

COMMERCES, INDUSTRIES ET PROFESSIONS	Classe.	Taux du droit proportionnel
CHAUSSONS autres qu'en lisières (Fabricant de)	6e	20e
— de lisières (Marchand de) en gros	4e	20e
— en lisières (Fabricant de)	8e	*40e
— en lisières et autres (Marchand de)	7e	*40e
CHAUSSURES (Fabricant de) par procédés mécaniques. — Droit fixe, 18 fr., plus 3 fr. 60 par ouvrier.		
Droit proportionnel sur la maison d'habitation et sur les magasins de vente	»	20e
— — sur l'établissement industriel	»	40e
CHAUX (Marchand de)	6e	20e
CHAUX artificielle (Fabrique de). — Droit fixe, 1 fr. 80 par mètre cube de la capacité brute des fours; le droit sera réduit de moitié pour les fours dans lesquels on cuira moins de huit fois par an.		
Droit proportionnel sur la maison d'habitation et sur les magasins de vente	»	20e
— — sur l'établissement industriel	»	25e
CHAUX naturelle (Fabrique de). — Droit fixe, 1 fr. 20 par mètre cube de la capacité brute des fours; le droit sera réduit de moitié pour les fours dans lesquels on cuira moins de huit fois par an.		
Droit proportionnel sur la maison d'habitation et sur les magasins de vente	»	20e
— — sur l'établissement industriel	»	25e
CHEFS de ponts et pertuis	6e	20e
CHEF d'institution, maître de pension. — Profession assujettie au droit proportionnel seulement	»	15e
CHEMINÉES dites économiques (Fabricant et marchand de)	5e	20e
CHEMINS de fer avec péage (Concessionnaire de). — Droit fixe, 240 fr., plus 24 fr. par myriamètre en sus du premier.		
Droit proportionnel sur la maison d'habitation et sur les magasins de vente	»	20e
— — sur l'établissement industriel	»	40e
CHENILLE en soie (Fabricant de) pour son compte	7e	*40e
CHEVAUX (Courtier de)	7e	*40e
— (Loueur de)	5e	20e
— (Marchand de)	4e	20e
— (Tenant pension de)	5e	20e
CHEVEUX (Marchand de)	5e	20e
CHEVILLEUR	8e	*40e
CHÈVRES et chevreaux (Marchand de)	7e	*40e
CHIFFONNIER (Marchand) en gros	1re	10e
— — en demi-gros	5e	20e
— — en détail	7e	*40e
CHIMISTE-expert	3e	15e
CHINEUR	7e	*40e
CHIRURGIEN-dentiste. — Profession assujettie seulement au droit proportionnel	»	15e
CHOCOLAT (Fabricant de) avec machine à vapeur ou ouvriers.	3e	15e
— — n'employant ni machine à vapeur ni ouvriers.	6e	20e

COMMERCES, INDUSTRIES ET PROFESSIONS	Classe.	Taux du droit proportionnel
CHOCOLAT (Marchand de) en gros...........................	3e	15e
— — en détail......................	5e	20e
CIDRE (Marchand de) en gros...........................	3e	15e
CIMENTIER (Marchand)...............................	6e	20e
CIRAGE ou encaustique (Fabrique de) avec machine à vapeur ou ouvriers...............................	3e	15e
CIRAGE ou encaustique (Marchand ou fabricant de) n'employant ni ouvriers ni machine à vapeur.....................	7e	*40e
CIRE (Blanchisserie de).—Droit fixe, 18 fr., plus 3 fr. 60 par ouvrier.		
Droit proportionnel sur la maison d'habitation et sur les magasins de vente................	»	20e
— — sur l'établissement industriel...........	»	25e
CIRE à cacheter (Fabricant de)...........................	4e	20e
CIRIER (Marchand)...............................	4e	20e
CISELEUR...............................	6e	20e
CLINQUANT (Fabricant de) pour son compte...............	6e	20e
— — à façon.....................	8e	*40e
CLOCHETTES (Fondeur de)...........................	6e	20e
CLOCHES (Fondeur de) sans boutique ni magasin...........	6e	20e
CLOCHES de toute dimension (Marchand de)...............	5e	20e
CLOUS et pointes (Fabrique de) par procédés mécaniques. — 6 fr. par métier.		
Droit proportionnel sur la maison d'habitation et sur les magasins de vente................	»	20e
— — sur l'établissement industriel...........	»	40e
CLOUTIER (Marchand) en gros...........................	1re	10e
— — en demi-gros....................	2e	15e
— — en détail.....................	5e	20e
— au marteau pour son compte..............	7e	*40e
— — à façon.....................	8e	*40e
CLOCHES d'eau (Entreprise de). — Droit fixe...... 120 »	»	15e
COCHONS (Marchand de)...........................	4e	20e
COCONS (Filerie de).— Droit fixe, 1 fr. 80 par bassine ou tour.		
Droit proportionnel sur la maison d'habitation et sur les magasins de vente................	»	20e
— — sur l'établissement industriel...........	»	40e
COFFRETIER-malletier en bois...........................	6e	20e
— — en cuir.....................	5e	20e
COIFFES de femme (Faiseuse et marchande de)...........	7e	*40e
COIFFEUR...............................	6e	20e
COKE (Fabrique de). —Droit fixe, 18 fr., plus 3 fr. 60 par four.		
Droit proportionnel sur la maison d'habitation et sur les magasins de vente................	»	20e
— — sur l'établissement industriel...........	»	25e
COLLAGE et séchage de chaînes et tissus (Exploitant un établissement de). — Droit fixe, 18 fr., plus 3 fr. 60 par ouvrier.		
Droit proportionnel sur la maison d'habitation et sur les magasins de vente................	»	20e
— — sur l'établissement industriel...........	»	50e

COMMERCES, INDUSTRIES ET PROFESSIONS	Classe.	Taux du droit proportionnel.
COLLE de pâte, de peau, de graisse, de gélatine (Fabricant ou marchand de)	7e	*40e
COLLE forte (Fabrique de). — Droit fixe, 18 fr., plus 3 fr. 60 par ouvrier.		
Droit proportionnel sur la maison d'habitation et sur les magasins de vente	»	20e
— — sur l'établissement industriel	»	25e
COLLE solide ou en poudre pour la clarification des vins et liqueurs (Fabricant de)	5e	20e
COLLE végétale pour la papeterie (Fabrique de). — Droit fixe, 18 fr., plus 3 fr. 60 par ouvrier.		
Droit proportionnel sur la maison d'habitation et sur les magasins de vente	»	20e
— — sur l'établissement industriel	»	25e
COLLETS (Fabricant ou marchand de). — Voir COLS.		
COLLEUR de chaînes pour fabrication de tissus	7e	*40e
COLLEUR d'étoffes	5e	20e
COLLEUR de papiers peints	8e	*40e
COLORISTE enlumineur	8e	*40e
COLLIERS de chiens (Fabricant et marchand de)	7e	*40e
COLS, collets et rabats (Fabricant de) pour son compte	6e	20e
— — — — à façon	8e	*40e
— — — (Marchand de)	6e	20e
COMBUSTIBLES (Marchand de) en boutique	6e	20e
COMESTIBLES (Marchand de)	3e	15e
COMMISSAIRE-priseur. — Profession assujettie seulement au droit proportionnel	»	15e
COMMISSIONNAIRE accrédité près la douane	6e	20e
COMMISSIONNAIRE au Mont-de-Piété	4e	20e

COMMISSIONNAIRE de transport par terre et par eau :

	Droit fixe		Classe.	Taux.
A Paris. — Droit fixe	250	»	»	10e
Dans les villes de 50,000 âmes et au-dessus. — Droit fixe	200	»	»	10e
Dans les villes de 30 à 50,000 âmes, et dans celles de 15 à 30,000 âmes qui ont un entrepôt réel — Droit fixe	150	»	»	10e
Dans les villes de 15 à 30,000 âmes et dans les villes d'une population inférieure à 15,000 âmes qui ont un entrepôt réel. — Droit fixe	100	»	»	10e
Dans toutes les autres communes. — Droit fixe	50	»	»	10e

COMMISSIONNAIRE en marchandises :

	Droit fixe		Classe.	Taux.
A Paris. — Droit fixe	400	»	»	10e
Dans les villes de 50,000 âmes et au-dessus. — Droit fixe	300	»	»	10e
Dans les villes de 30 à 50,000 âmes, et dans celles de 15 à 30,000 âmes qui ont un entrepôt réel. — Droit fixe	200	»	»	10e
Dans les villes de 15 à 30,000 âmes et dans les villes au-dessous de 15,000 âmes qui ont un entrepôt réel. — Droit fixe	150	»	»	10e
Dans toutes les autres communes. — Droit fixe,	75	»	»	10e

COMMERCES, INDUSTRIES ET PROFESSIONS		Classe.	Taux du droit proportionnel

COMMISSIONNAIRE entrepositaire :

A Paris. — Droit fixe.................... 250 » » 10e

Dans les villes de 50,000 âmes et au-dessus. — Droit fixe........................ 200 » » 10e

Dans les villes de 30 à 50,000 âmes et dans celles de 15 à 30,000 âmes qui ont un entrepôt réel. — Droit fixe.................. 150 » » 10e

Dans les villes de 15 à 30,000 âmes et dans celles d'une population inférieure à 15,000 âmes qui ont un entrepôt réel.—Droit fixe.. 100 » » 10e

Dans toutes les autres communes.—Droit fixe. 50 » » 10e

COMMISSIONNAIRE entrepositaire de vins :

A Paris. — Droit fixe.................... 250 »

Dans les villes de 50,000 âmes et au-dessus.— Droit fixe .... 200 »

Dans les villes de 30 à 50,000 âmes et dans celles de 15 à 30,000 âmes qui ont un entrepôt réel. — Droit fixe.................. 150 »

Dans les villes de 15 à 30,000 âmes et dans celles inférieures à 15,000 âmes qui ont un entrepôt réel. — Droit fixe............. 100 »

Dans toutes les autres communes.—Droit fixe. 50 »

Droit proportionnel sur la maison d'habitation............ » 10e

— — sur les locaux servant à l'exercice de la profession .... » 30e

COMMISSIONNAIRE-porteur pour les fabricants de tissus...... 6e 20e

CONCERTS publics (Entrepreneur de). — Droit fixe, 3 dixièmes d'une recette complète si les concerts ont lieu plus de trois fois par semaine ; 3 vingtièmes pour tout autre nombre.

Droit proportionnel sur la maison d'habitation seulement.. » 15e

CONDITION pour les soies (Entrepreneur ou fermier d'une).... 2e 15e

CONFISEUR 3e 15e

CONFISEUR en chambre............................ 7e *40e

CONSERVATION du bois, des toiles et des cordages (Etablissement pour la), au moyen de préparations chimiques. — Droit fixe, 12 fr., plus 30 centimes par mètre cube des bassins, cuves ou fosses.

Droit proportionnel sur la maison d'habitation et sur les magasins de vente.............. » 20e

— — sur l'établissement industriel......... » 40e

CONSERVES alimentaires (Fabrique de). — Droit fixe, 18 fr., plus 3 fr. 60 par ouvrier.

Droit proportionnel sur la maison d'habitation et sur les magasins de vente.............. » 20e

— — sur l'établissement industriel......... » 25e

CONSERVES alimentaires (Marchand de).................... 3e 15e

CONVOIS militaires (Entreprise générale des). — Droit fixe............. 1.200 »

— — (Entreprise particulière des) pour une division militaire. 100 »

COMMERCES, INDUSTRIES ET PROFESSIONS	Classe.	Taux du droit proportionnel
CONVOIS militaires (Entreprise particulière pour gîtes d'étapes)	5	»
Droit proportionnel sur la maison d'habitation	»	20c
— — sur l'établissement industriel	»	40c
COQUETIER avec voiture	6e	20c
— avec bêtes de somme	7e	*40c
— sans voiture ni bêtes de somme	8e	*40c
CORAUX (Préparateur de)	3e	20c
— bruts (Marchand de)	3e	15c
CORDES (Fabrique de) par procédés mécaniques. — Droit fixe : Pour 500 broches ou fuseaux et au-dessous, 12 fr. ; plus 1 fr. 20 par chaque centaine en sus.		
Droit proportionnel sur la maison d'habitation et sur les magasins de vente	»	20c
— — sur l'établissement industriel	»	50c
CORDES harmoniques (Fabricant de), pour son compte	6e	20c
— — — à façon	7e	*40c
— métalliques — pour son compte	6e	20c
— — — à façon	7e	*40c
CORDES à puits et liens d'écorces (Fabricant de)	8e	*40c
CORDIER (Fabricant de câbles et cordages pour la marine et la navigation intérieure)	4e	20c
CORDIER (Fabricant de menus cordages)	7e	*40c
— (Marchand)	6e	20c
CORDONS, lacets, tresses, ganses en fil, laine, soie, coton, etc. (Fabricant de), pour son compte	7e	*40c
— — à façon	8e	*40c
CORNE (Apprêteur de), pour son compte	6e	20c
— — à façon	8e	*40c
— (Fabricant de feuilles transparentes de), pour son compte	6e	20c
— — — — à façon	8e	*40c
CORNES brutes (Marchand de)	5e	20c
CORROYEUR (Marchand)	4e	20c
— à façon	7e	*40c
CORSETS (Fabricant et marchand de)	6e	20c
COSMÉTIQUES (Marchand de)	7e	*40c
COSMORAMA (Directeur de)	6e	20c
COSTUMIER	6e	20c
COSSETTES de betterave, de chicorée (Fabrique de). — Droit fixe : 18 fr., plus 3 fr. 60 par ouvrier		
Droit proportionnel sur la maison d'habitation et les magasins de vente	»	20c
— — sur l'établissement industriel	»	25c
COTON cardé ou gommé (Marchand de)	7e	*40c
— en laine (Marchand de) en gros	1re	10c
— filé (Marchand de) en gros	1re	10c
— — en demi-gros	2e	15c
— — en détail	4e	20c
COTRETS (Débitant de)	8e	*40c
— sur bateaux (Marchand de)	4e	20c
COULEURS et vernis (Fabricant et marchand de)	4e	20c

COMMERCES, INDUSTRIES ET PROFESSIONS			Classe.	Taux du droit proportionnel
COUPEUR de poils (Marchand) pour son compte			6e	20e
— — — à façon			7e	*40e
COURROIES (Apprêteur de) pour son compte			7e	*40e
— — à façon			8e	*40e
COURSES de chevaux (Entrepreneur d'établissement de)			4e	»
Droit proportionnel sur la maison d'habitation			»	20e
— — sur les locaux servant à l'exercice de la profession			»	*40e
COURTIER d'assurances				
— de navires	Droit fixe : à Paris..	250 »	»	10e
— de marchandises				
Dans les villes de 50,000 âmes et au-dessus..		200 »	»	10e
Dans les villes de 30,000 à 50,000 âmes, et dans celles de 15,000 à 30,000 âmes, qui ont un entrepôt réel		150 »	»	10e
Dans les villes de 15,000 à 30,000 âmes et dans celles inférieures à 15,000, qui ont un entrepôt réel		100 »		10e
Dans toutes les autres communes		50 »	»	10e
COURTIER de bestiaux			7e	*40e
— de monture			7e	*40e
— -gourmet piqueur de boissons			6e	20e
— en essences			6e	20e
— en soies			6e	20e
— en grains			7e	*40e
COUTELIER (Marchand en détail)			5e	20e
— à façon			7e	*40e
COUTELLERIE (Fabricant expéditeur de). — Droit fixe : 6 fr., plus 3 fr. 60 par ouvrier ou par série d'ouvriers équivalente à un ouvrier.				
Droit proportionnel sur la maison d'habitation et sur les magasins de vente			»	20e
— — sur l'établissement industriel			»	40e
COUTELLERIE (Fabricant de) non expéditeur. — Droit fixe : 4 fr. 80, plus 2 fr. 40 par ouvrier ou par série d'ouvriers équivalente à un ouvrier				
Droit proportionnel sur la maison d'habitation et sur les magasins de vente			»	20e
— — sur l'établissment industriel			»	40e
COUTELLERIE (Marchand de) en gros			1re	10e
— — en demi-gros			2e	15e
COUTURIÈRE (Marchande)			6e	20e
— à façon			7e	*40e
COUVERTS et autres objets en fer battu ou étamé (Fabricant et marchand de) en gros, par procédés ordinaires			4e	20e
COUVERTS, etc. (Fabricant de) en détail			6e	20e
— — à façon			8e	*40e
COUVERTS et autres objets de service de table, en argent ou en alliage (Fabrique de) par procédés mécaniques.—Droit fixe, 18 fr., plus 3 fr. 60 par ouvrier.				

COMMERCES, INDUSTRIES ET PROFESSIONS	Classe.	Taux du droit proportionel.
Droit proportionnel sur la maison d'habitation et sur les magasins de vente....................	»	20ᶜ
— — sur l'établissement industriel..........	»	40ᶜ
COUVERTURES de soie, bourre, laine et coton, etc. (Marchand de)	4ᶜ	20ᶜ
COUVREUR entrepreneur....................	4ᶜ	20ᶜ
— maitre....................	6ᶜ	20ᶜ
— à façon....................	7ᶜ	*40ᶜ
— en paille ou en chaume....................	7ᶜ	*40ᶜ
CRAYONS (Fabrique de). — Droit fixe, 18 fr., plus 3 fr. 60 par ouvrier.		
Droit proportionnel sur la maison d'habitation et sur les magasins de vente....................	»	20ᶜ
— — sur l'établissement industriel..........	»	25ᶜ
CRAYONS (Marchand de)....................	6ᶜ	20ᶜ
CRÉDIT foncier de France (Société du). — Droit fixe, 6,000 fr.	»	15ᶜ
CRÈMIER-glacier....................	5ᶜ	20ᶜ
CRÈMIER ou laitier....................	7ᶜ	*40ᶜ
CRÉPIN en buis (Fabrique d'articles de) pour son compte....	7ᶜ	*40ᶜ
— — à façon....................	8ᶜ	*40ᶜ
CRÉPINS (Marchand de)....................	6ᶜ	20ᶜ
CREUSETS (Fabrique de). Droit fixe.................... 30 »		
Droit proportionnel sur la maison d'habitation et sur les magasins de vente....................	»	20ᶜ
sur l'établissement industriel..........	»	25ᶜ
CRIBLIER....................	7ᶜ	*40ᶜ
CRICS (Fabricant et marchand de)....................	5ᶜ	20ᶜ
CRIN (Apprêteur, crêpeur ou friseur de) à façon....................	8ᶜ	*40ᶜ
— frisé (Apprêteur de)....................	5ᶜ	20ᶜ
— frisé (Marchand de) en gros....................	1ʳᵉ	10ᶜ
— — — en demi-gros....................	2ᶜ	15ᶜ
— — — en détail....................	4ᶜ	20ᶜ
CRIN végétal (Fabrique de) par procédés mécaniques. — Droit fixe, 6 fr. par machine à peignes.		
Droit proportionnel sur la maison d'habitation et les magasins de vente....................	»	20ᶜ
— — sur l'établissement industriel..........	»	40ᶜ
CRIN plat (Marchand de)....................	6ᶜ	20ᶜ
CRINIÈRES (Fabricant de) pour son compte....................	6ᶜ	20ᶜ
— — à façon....................	8ᶜ	*40ᶜ
CRISTAUX (Marchand de). — Droit fixe.................... 360 »		
Droit proportionnel sur la maison d'habitation et sur les magasins de vente....................	»	20ᶜ
— — sur l'établissement industriel..........	»	40ᶜ
CRISTAUX (Manufacture de) en gros....................	1ʳᵉ	10ᶜ
— — en demi-gros....................	2ᶜ	15ᶜ
— — en détail....................	5ᶜ	20ᶜ
— (Tailleur de)....................	7ᶜ	*40ᶜ
CROCHETS pour les fabriques d'étoffes (Fabrᵗ de) pour son compte.	7ᶜ	*40ᶜ
— — — à façon........	8ᶜ	*40ᶜ
CUILLERS d'étain (Fondeur ambulant de)....................	8ᶜ	*40ᶜ
CUIR bouilli et verni (Fabricant ou marchand d'objets en)....	6ᶜ	20ᶜ

COMMERCES, INDUSTRIES ET PROFESSIONS	Classe.	Taux du droit proportionnel
Cuirs et pierres à rasoirs (Fabricant et marchand de)	6e	20e
Cuirs tannés, corroyés, lissés, vernissés (Md de) en gros	1re	10e
— — — — — — — en demi-gros.	2e	15e
— — — — — — — en détail	4e	20e
— en vert étrangers (Marchand de) en gros	1re	10e
— en vert du pays (Marchand de) en gros)	3e	15e
Cuivre de navires (Marchand de vieux)	6e	20e
— vieux (Marchand de)	7e	40e
Culottier en peau (Marchand)	5e	20e
Curiosité (Marchand en boutique d'objets de)	5e	20e
Cylindres pour filatures (Garnisseur de)	8e	*40e
— — (Couvreur et tourneur de)	5e	20e

D

	Classe.	Taux du droit proportionnel
Dalles (Marchand de)	6e	20e
Damasquineur	6e	20e
Décatisseur	5e	20e
Déchets de soie, laine, coton, débris de cocons (Marchand de)	6e	20e
Déchireur de chiffons et vieilles étoffes de laine par procédés mécaniques. — Droit fixe, 12 fr. par machine.		
Droit proportionnel sur la maison d'habitation et sur les magasins de vente	»	20e
— — sur l'établissement industriel	»	40e
Déchireur ou dépeceur de bateaux	5e	20e
Décors et ornements d'architecture (Marchand de)	4e	20e
Découpeur d'étoffes par procédés mécaniques. — Droit fixe, 6 fr. par métier.		
Droit proportionnel sur la maison d'habitation et sur les magasins de vente	»	20e
— — sur l'établissement industriel	»	40e
Découpeur d'étoffes ou de papiers	8e	*40e
— en marqueterie	7e	*40e
Découpoirs (Fabricant de) pour son compte	6e	20e
— — à façon	8e	*40e
Décrotteur en boutique	8e	*40e
Décrueur de fil	7e	*40e
Défrichement ou desséchement (Compagnie de). — Droit fixe. 360 »	»	15e
Dégraisseur	7e	*40e
Dégras (Fabricant ou marchand de)	7e	*40e
Déménagements (Entrepreneur de). s'il a plusieurs voitures	3e	15e
— — s'il a une seule voiture.	6e	20e
Denrées coloniales (Marchand de) en gros	1re	10e
Denteleur de scies	7e	*40e
Dentelles (Entrepreneur de fabrication de)	3e	15e
— (Facteur de)	6e	20e
— (Fabricant de) en gros	1re	10e
— (Fabricant et marchand de) en demi-gros	2e	15e
— — en détail	4e	20e

COMMERCES, INDUSTRIES ET PROFESSIONS	Classe.	Taux du droit proportionnel
DENTISTE non pourvu du diplôme de docteur en médecine, de chirurgien....................................	7e	*40c
DENTS et rateliers artificiels (Fabricant ou marchand de)....	5e	20c
DÉPECEUR de voitures.............................	6e	20c
DÉPOLISSEUR de verres............................	7e	*40c
Dés à coudre en métal autre que l'or et l'argent (F^t de) pour son c.	5e	20c
— — — — à façon...	8e	*40c
DESSÈCHEMENT (Entrepreneur de travaux de). — Droit fixe 60 »		
Droit proportionnel sur la maison d'habitation seulement..	»	15c
DESSINATEUR pour fabrique........................	6e	20c
DESSINATEUR de parcs et jardins....................	6e	20c
DIAMANTS et pierres fines (Marchand de).............	1re	10c
DIAMANTS pour vitriers et miroitiers (Monteur de) pour son compte.......................................	6e	20c
DIAMANTS pour vitriers et miroitiers (Monteur de) à façon...	7e	*40c
DILIGENCES partant à jours et heures fixes (Entrepreneur de). — Droit fixe, 6 fr., plus pour chaque myriamètre complet 4 fr. 30 pour les voitures ayant 10 places et au-dessous, et 6 fr. pour les voitures ayant plus de 10 places.		
Droit proportionnel sur la maison d'habitation et sur les magasins...........................	»	20c
— — sur l'établissement industriel........	»	40c
DIORAMA (Directeur de)............................	2e	
Droit proportionnel sur la maison d'habitation seulement..	»	15c
DISTILLATEUR d'essences et eaux parfumées et médicinales..	5e	20c
DISTILLATEUR liquoriste...........................	3e	15c
DOCTEUR en chirurgie (Profession assujettie seulement au droit proportionnel)...........................	»	15c
DOREUR, argenteur et applicateur d'autres métaux que l'or et l'argent..	6e	20c
DOREUR sur bois.................................	6e	20c
— sur tranches, sur cuir, sur papier................	7e	*40c
DORURES et argentures sur métaux (Fabricant ou marchand de) en détail...................................	4e	20c
DORURES pour passementeries (Marchand de)...........	4e	20c
DRAGUEUR (Entrepreneur). — Droit fixe........... 60 »		
Droit proportionnel sur la maison d'habitation seulement..	»	15c
DRAINAGE (Entrepreneur de)........................	6e	20c
DRAP feutre (Fabricant de) par procédés mécaniques. — Droit fixe, 1 fr. 20 par paire de cylindres des machines à feutrer.		
Droit proportionnel sur la maison d'habitation et sur les magasins de vente................	»	20c
— — sur l'établissement industriel............	»	50c
DRÈCHE ou marc de l'orge qui a servi à faire la bière (Marchand de).......................................	6e	20c
DROGUES (Pileur de)...............................	7e	*40c
DROGUISTE (Marchand) en gros......................	1re	10c
— — en demi-gros....................	2e	15c
— — en détail......................	3e	15c

COMMERCES, INDUSTRIES ET PROFESSIONS	Classe.	Taux du droit proportionnel

E

EAU (Entrepreneur de distribution d') :		
Fournissant la ville de Paris en tout ou en partie. — Droit fixe............ 600 »		
Fournissant une ville de 50,000 âmes et au-dessus. — Droit fixe............ 400 »		
Fournissant une ville de 30,000 à 50,000. — Droit fixe............ 200 »		
Fournissant une ville de 15,000 à 30,000. — Droit fixe............ 150 »		
Fournissant au-dessous de 15,000 âmes. — Droit fixe............ 75 »		
Droit proportionnel sur la maison d'habitation............	»	10e
— — sur les locaux servant à l'exercice de la profession............	»	40e
EAU-DE-VIE (Marchand d') en gros............	1re	10e
— — en demi-gros............	2e	15e
— — en détail............	5e	20e
EAU filtrée ou clarifiée et dépurée (Entrepreneur d'un établissement d')............	3e	15e
EAUX minérales et thermales (Exploitation). — Droit fixe............ 180 »		
Droit proportionnel sur la maison d'habitation et sur les magasins de vente............	»	20e
— — sur l'établissement industriel............	»	40e
EAUX minérales naturelles ou factices (Marchand d')............	4e	20e
EBÉNISTE (Fabricant) pour son compte, sans magasin............	6e	20e
— — à façon............	7e	*40e
EBÉNISTE (Marchand) ayant boutique ou magasin............	5e	20e
ECAILLES d'ables ou d'ablettes (Marchand d')............	7e	*40e
ECHALAS (Marchand d')............	7e	*40e
ECHELLES, fourches, râteaux et rateliers (Fabricant et marchand d')............	7e	*40e
ECLAIRAGE à l'huile pour le compte des particuliers (Entrepreneur d')............	5e	20e
ECLAIRAGE à l'huile (Entrepreneur d'). — Droit fixe, 6 fr., plus 2 fr. 40 par 1,000 fr. des entreprises.		
Droit proportionnel sur la maison d'habitation seulement..	»	15e
ECORCES pour la fabrication du papier (Déchireurs d') par procédés mécaniques. — Droit fixe, 12 fr. par machine.		
Droit proportionnel sur la maison d'habitation et sur les magasins de vente............	»	20e
— — sur l'établissement industriel............	»	40e
ECORCES de bois pour tan (Marchand d')............	4e	20e
ECORCHEUR ou équarrisseur d'animaux............	7e	*40e
ECRANS (Fabricant d') pour son compte............	6e	20e
— — à façon............	8e	*40e
ECRITURES (Entrepreneur d')............	7e	*40e
ELASTIQUES pour bretelles, jarretières, etc. (Fabricant d')...	8e	*40e

COMMERCES, INDUSTRIES ET PROFESSIONS	Classe.	Taux du droit propor- tionnel
EMAILLEUR pour son compte	6e	20e
— à façon	7e	*40e
EMBALLEUR non layetier	6e	20e
EMBOUCHOIRS (Faiseur d')	7e	*40e
EMERI et rouge à polir (Marchand d')	8e	*40e
EMPLACEMENT pour dépôts de marchandises (Exploitant un)	5e	20e
ENCADREUR d'estampes	8e	*40e
ENCLUMES, essieux et gros étaux (Manufacture d'). — Droit fixe, 30 fr. par feu.		
Droit proportionnel sur la maison d'habitation et sur les magasins de vente	»	20e
— — sur l'établissement industriel	»	40e
ENCRE à écrire (Fabricant et marchand d') en gros	3e	15e
— — — en détail	6e	20e
ENCRE d'impression (Fabricant d'). — Droit fixe, 18 fr., plus 3 fr. 60 par ouvrier.		
Droit proportionnel sur la maison d'habitation et sur les magasins de vente	»	20e
— — sur l'établissement industriel	»	25e
ENCRIERS perfectionnés (siphoïde, pompe, inoxydables, etc.) (Fabricant ou marchand d')	4e	20e
ENDUIT contre l'oxydation (Applicateur d')	6e	20e
ENGRAIS (Marchand d'). — Droit fixe	30	»
Droit proportionnel sur la maison d'habitation et sur les magasins de vente	»	20e
— — sur l'établissement industriel	»	25e
ENLACEURS de cartons	6e	20e
ENJOLIVEUR (Marchand)	6e	20e
ENJOLIVEUR (Fabricant) pour son compte	7e	*40e
— — à façon	8e	*40e
ENTREPOT (Concessionnaire, exploitant ou fermier des droits d'emmagasinage dans un)	2e	»
Droit proportionnel sur la maison d'habitation seulement	»	15e
EPERONNIER pour son compte	5e	20e
— à façon	7e	*40e
EPICERIES (Marchand d') en gros	1re	10e
— — en demi-gros	2e	15e
EPICIER en détail	5e	20e
EPICIER-Regrattier	7e	*40e
EPILEUR	8e	*40e
EPINGLES (Fabricant d') par les procédés ordinaires	6e	20e
EPINGLES (Manufacture d') par procédés mécaniques. — Droit fixe, 18 fr., plus 3 fr. 60 par ouvrier.		
Droit proportionnel sur la maison d'habitation et sur les magasins de vente	»	20e
— — sur l'établissement industriel	»	40e
EPINGLES (Marchand en gros)	1re	10e
EPINGLES (Fabricant d') par procédés ordinaires, à façon	8e	*40e
EPINGLES (Marchand d') en demi-gros	2e	15e
EPINGLIER-GRILLAGEUR	7e	*40e

COMMERCES, INDUSTRIES ET PROFESSIONS	Classe.	Taux du droit proportionnel
Éponges (Marchand d') en gros	3e	15e
— — en détail	5e	20e
Équarrisseur de bois	7e	*40e
Équipage (Maître d')	5e	20e
Équipements militaires (Marchand d'objets d')	3e	15e
Équipeur-Monteur	7e	*40e
Escargots (Marchand d')	7e	*40e
Escompteur	1re	10e
Esprit ou eau-de-vie de vin (Fabrique d'). — Droit fixe, 60 fr. — Ce droit sera réduit de moitié pour les fabricants de moins de 100 hectolitres.		
Droit proportionnel sur la maison d'habitation et sur les magasins de vente	»	20e
— — sur l'établissement industriel	»	25e
Esprit ou eau-de-vie de marc de raisin, cidre, poiré (Fabrique d'). — Droit fixe, 30 fr. — Ce droit sera réduit de moitié pour les fabricants de moins de 100 hectolitres.		
Droit proportionnel sur la maison d'habitation et sur les magasins de vente	»	20e
— — sur l'établissement industriel	»	25e
Esprit ou alcool de fécules, de grains, de betteraves et autres substances analogues (Fabrique d'). — Droit fixe, 12 c. par hectolitre de la capacité brute des cuves de fermentation, et 60 c. par hectolitre de la capacité brute des chaudières ou colonnes à rectifier. — Le droit sera réduit de moitié pour les fabriques qui travaillent moins de 3 mois par an.		
Droit proportionnel sur la maison d'habitation et sur les magasins de vente	»	20e
— — sur l'établissement industriel	»	40e
Essayeur de soie	6e	20e
Essayeur pour le commerce	3e	15e
Essence d'Orient (Fabricant d')	7e	*40e
Estaminet (Maître d')	4e	20e
Estampes et gravures (Marchand d')	6e	20e
Estampeur en or et en argent	4e	20e
Estampeur ou repousseur en métaux autres que l'or et l'argent	7e	*40e
Étain (Fabricant de feuilles d')	5e	20e
Étain pour glaces (Fabrique d'). — Droit fixe, 18 fr., plus 3 fr. 60 par ouvrier.		
Droit proportionnel sur la maison d'habitation et sur les magasins de vente	»	20e
— — sur l'établissement industriel	»	25e
Étameur ambulant d'ustensiles de cuisine	8e	*40e
Étameur de glaces	6e	20e
Étoffes (Crépeur d')	7e	*40e
Étoupes (Marchand d')	8e	*40e
Étriers (Fabricant d') pour son compte	5e	20e
— — à façon	7e	*40e

COMMERCES, INDUSTRIES ET PROFESSIONS	Classe.	Taux du droit proportionnel
ÉTRILLES (Fabricant d') pour son compte..................	5e	20e
— à façon......................	7e	*40e
ÉTUIS et sacs de papier (Fabricant d')..................	8e	*40*
ÉVENTAILLISTE (Fabricant) pour son compte.............	7e	*40e
ÉVENTAILLISTE (Marchand fabricant) ayant boutique ou magasin.	6e	20e
— — à façon...............	8e	*40e
EXPERT près les tribunaux (s'il en fait sa profession habituelle).	4e	20e
EXPERT visiteur de navires...........................	7e	*40e
EXPERT pour le partage et l'estimation des propriétés........	6e	20e

F

FABRICANT dont la profession est spécialement dénommée au
tableau des commerces, des industries ou professions dont
le droit fixe est réglé eu égard à la population et d'après
un tarif général, lorsqu'il travaille pour le commerce et
qu'il occupe plus de dix ouvriers disséminés ou renfermés
dans le même établissement.

Droit fixe : pour les dix ouvriers............... 18 »
Plus, pour les ouvriers au-dessus de dix....... 3 60
par ouvrier ou par série d'ouvriers.
Les droits ci-dessus seront réduits à la moitié pour les fabri-
cants à façon.
Droit proportionnel sur la maison d'habitation et sur les
magasins de vente................ » 20e
— — sur l'établissement industriel........ » 40e
FABRICATION dans les dépôts de mendicité (Entrepreneur de) :
Pour un atelier de 25 détenus et au-dessous, droit fixe.
15 fr. ; par chaque détenu en sus, 30 c.
Droit proportionnel sur la maison d'habitation seulement... » 15e
FABRICATION dans les prisons (Entrepreneur de) :
Pour un atelier de 25 détenus et au-dessous, droit fixe.
30 fr. ; par chaque détenu en sus, 60 c., jusqu'au maxi-
mum de 500 fr.
Droit proportionnel sur la maison d'habitation seulement.. » 15e
FACTEUR aux halles de Paris :
Pour les farines, le beurre, les œufs, les fromages et le
poisson salé......................... 150 » » 10e
Pour les grains, grenailles, la marée, les huîtres
et les cuirs......................... 100 » » 10e
Pour le poisson d'eau douce, la volaille, le gi-
bier, les agneaux, etc................... 75 » 10e
Pour le charbon de bois arrivé par terre, ou
pour le charbon de terre.............. 50 » 10e
Pour les fruits et légumes................ 25 » 10e
FACTEUR de denrées et marchandises (partout ailleurs
qu'à Paris)........................... 4e 20e
FACTEUR aux marchés à bestiaux destinés à l'appro-
visionnement de Paris..................... 150 » 10e
FACTEUR de fabrique........................... 6e 20e

COMMERCES, INDUSTRIES ET PROFESSIONS	Classe.	Taux du droit proportionnel
Fagots et bourrées (Marchand de), vendant par voiture.....	6e	20e
— — — en détail, vendant au fagot................	8e	*40e
Faïence (Manufacture de). — Droit fixe, 30 fr. par four.		
Droit proportionnel sur la maison d'habitation et sur les magasins de vente..............	»	20e
— — sur l'établissement industriel........	»	40e
Faïence (Marchand de) en gros.....................	1re	10e
— — en détail.....................	6e	20e
Faines (Marchand de)........................	8e	*40e
Falourdes (Débitant de)......................	8e	*40e
Fanons ou barbes de baleine (Marchand de) en gros........	1re	10e
— — — en demi-gros...	2e	15e
Farines (Marchand de) en gros.....................	4e	20e
— — en détail.....................	6e	20e
Faux et faucilles (Fabrique de). — Droit fixe, 18 fr., plus 3 fr. 60 par ouvrier.		
Droit proportionnel sur la maison d'habitation et sur les magasins de vente..............	»	20e
— — sur l'établissement industriel........	»	40e
Fécules de pomme de terre (Fabrique de). — Droit fixe, 18 fr.. plus 3 fr. 60 par ouvrier.		
Droit proportionnel sur la maison d'habitation et sur les magasins de vente..............	»	20e
— — sur l'établissement industriel........	»	25e
Fécules (Marchand de) en gros.....................	4e	20e
— — en détail.....................	6e	20e
Fendeur de brins de baleine ou de jonc................	7e	*40e
— en bois..........................	7e	*40e
Fer-blanc (Fabrique de). — Droit fixe, 60 fr., plus 3 fr. 60 par ouvrier.		
Droit proportionnel sur la maison d'habitation et sur les magasins de vente..............	»	20e
— — sur l'établissement industriel........	»	40e
Ferblantier-lampiste............................	5e	20e
Ferblantier................................	6e	20e
— en chambre......................	7e	*40e
Fer en barre (Marchand de) en gros..................	1re	10e
— — en détail..................	4e	20e
Fers vieux (Marchand de) en gros...................	4e	20e
Fer en meubles (Marchand de)....................	3e	15e
Ferrailleur................................	7e	*40e
Ferreur de lacets............................	8e	*40e
Ferronnerie, serrurerie et clous forgés (Fabrique de). — Droit fixe, 6 fr., plus 3 fr. 60 par ouvrier.		
Droit proportionnel sur la maison d'habitation et sur les magasins de vente..............	»	20e
— — sur l'établissement industriel........	»	40e
Feuilles de blé de Turquie (Marchand de).............	8e	*40e
— de cuivre imitant l'or battu (Marchand de)........	6e	20e

COMMERCES, INDUSTRIES ET PROFESSIONS	Classe.	Taux du droit proportionnel
FEUTRE Fabricant et marchand de) pour la papeterie, le doublage des navires, etc.	6e	20e
FIGURES en cire (Mouleur de) à façon	8e	*10e
FIL de coton, chanvre, lin (Retordeur de) à façon. Au moyen de moulins : pour chaque moulin, 3 fr. Au moyen de broches : pour 500 broches et au-dessous, 30 fr.		
FIL à coudre (Fabrique de). — Droit fixe, 18 fr., plus 3 fr. 60 par ouvrier.		
Droit proportionnel sur la maison d'habitation et sur les magasins de vente	»	20e
— — sur l'établissement industriel	»	50e
FILASSE de nerfs (Fabricant de) pour son compte	6e	20e
— — à façon	8e	*40e
FILATURE de coton et filature de déchets ou de bourre de soie. — Droit fixe, 3 fr. 60, plus 6 fr. par assortiment de machines à peigner ou à carder, et 1 fr. 80 par chaque centaine de broches.		
Droit proportionnel sur la maison d'habitation et sur les magasins de vente	»	20e
— — sur l'établissement industriel	»	50e
FILATURE de laine, de chanvre ou de lin. — Droit fixe, 6 fr., plus 6 fr. par assortiment de machines à peigner ou à carder, et 3 fr. 60 par chaque centaine de broches.		
Droit proportionnel sur la maison d'habitation et sur les magasins de vente	»	20e
— — sur l'établissement industriel	»	50e
FIL de fer ou de laiton (Marchand de) en gros	1re	10e
— — — en demi-gros	2e	15e
— — — en détail	4e	20e
FILETS pour la pêche, la chasse, etc. (Fabricant de)	6e	20e
FILEUR entrepreneur	6e	20e
FILOTIER	6e	20e
FILIGRANISTE	6e	20e
FILS de chanvre ou de lin (Marchand de) en détail	4e	20e
FINISSEUR en horlogerie	7e	*40e
FLEURETS et filoselle (Marchand de) en gros	1re	10e
— — — en demi-gros	2e	15e
— — — en détail	4e	20e
FLEURISTE travaillant pour le compte des marchands	7e	*40e
FLEURS artificielles (Fabricant et marchand de)	5e	20e
— (Marchand d'apprets et papiers pour)	6e	20e
FLEURS d'oranger (Marchand de)	6e	20e
FLOTTAGE (Entrepreneur de). — Droit fixe 30 »		
Droit proportionnel sur la maison d'habitation seulement	»	15e
FONDERIE de cuivre (Entrepreneur de) :		
Ayant plusieurs laminoirs. — Droit fixe 360 »		
Un laminoir ou plusieurs martinets. — Droit fixe 240 »		
Se bornant à convertir le cuivre rouge en cuivre jaune. — Droit fixe 120 »		

COMMERCES, INDUSTRIES ET PROFESSIONS	Classe.	Taux du droit proportionnel
Droit proportionnel sur la maison d'habitation et sur les magasins de vente..............	»	20e
— — sur l'établissement industriel........	»	40e
FONDERIE de cuivre et bronze (Entrepreneur de) :	'	
Fondant des objets de grande dimension, tels que cylindres ou rouleaux d'impression pour les manufactures, grandes pièces de mécanique, etc.......... 240	»	
Ne fondant que des objets d'art ou d'ornementation, ou des pièces de mécanique de petite dimension............................ 120	»	
Ne fondant que des objets d'un usage commun et de petite dimension, comme robinets, clochettes, anneaux, etc.................. 60	»	
Droit proportionnel sur la maison d'habitation et sur les magasins de vente..............	»	20e
— — sur l'établissement industriel........	»	40e
FONDERIE de cuivre sans laminoirs ni martinets (Exploitant de). — Droit fixe, 30 fr. par chaufferie, feu, four ou fourneau de fusion.		
Droit proportionnel sur la maison d'habitation et sur les magasins de vente..............	»	20e
— — sur l'établissement industriel........	»	40e
FONDERIE ou affinage de plomb ou de zinc. — Droit fixe, 25 fr. par chaufferie, feu, four ou fourneau de fusion.		
Droit proportionnel sur la maison d'habitation..........	»	20e
— — sur l'établissement industriel.........	»	25e
FONDERIE en fer de seconde fusion (Entrepreneur de) :		
Fabriquant des objets de grande dimension. — Droit fixe.................................. 240	»	
Ne fabriquant que des objets de petite dimension. — Droit fixe..................... 120	»	
Droit proportionnel sur la maison d'habitation et sur les magasins de vente	»	20e
— — sur l'établissement industriel.........	»	40e
FONDEUR en fer, en bronze ou en cuivre (avec des creusets ordinaires)	5e	20e
— d'étain, de plomb ou de fonte de chasse..........	6e	20e
— d'or ou d'argent......................	3e	20e
FONTAINES à filtrer (Fabricant et marchand de)..........	6e	20e
— en grès à sable (Marchand de)..............	7e	*40e
— publiques (Fermier de). — Droit fixe, 6 fr., plus 2 fr. 40 par 1,000 fr. du prix de ferme.	»	
Droit proportionnel sur la maison d'habitation seulement..	»	15e
FONTAINIER, sondeur et foreur de puits artésiens. — Droit fixe.................................. 60	»	
Droit proportionnel sur la maison d'habitation..........	»	20e
— — sur l'établissement industriel.........	»	25e
FONTE ouvragée (Marchand de)......................	4e	20e
FORCE motrice (Loueur de)........................	6e	»

COMMERCES, INDUSTRIES ET PROFESSIONS	Classe.	Taux du droit proportionnel
Droit proportionnel sur la maison d'habitation	»	20c
— — sur les locaux servant à l'exercice de la profession	»	40c
FORGES (Fabricant de) pour son compte	5	20c
— — à façon	7e	*40c
FORETS (Fabricant de)	7e	*40c
FORGERON	6e	20c
— de petites pièces (canons, platines)	5e	20c
— — (à façon)	7e	*40c
FORGES et hauts-fourneaux (Maître de) :		
Droit fixe par haut-fourneau au coke . . . . 240 »		
— par haut-fourneau au bois . . . . 120 »		
— par forge dite catalane, et par chaufferie, feu, four et fourneau de seconde fusion de toute usine à fer . . . . 30 »		
Ces droits seront réduits de moitié pour les forges lorsqu'il y aura chômage de quatre mois au moins.		
Droit proportionnel sur la maison d'habitation et sur les magasins de vente	»	20c
— — sur l'établissement industriel	»	40c
FORMAIRE pour la fabrication du papier, pour son compte	6e	20c
— — — à façon	8e	*40c
FORMES à sucre (Fabrique de). — Droit fixe, 18 fr., plus 3 fr. 60 par ouvrier.		
Droit proportionnel sur la maison d'habitation et sur les magasins de vente	»	20c
— — sur l'établissement industriel	»	25c
FORMES pour chaussures (Fabrique de) par procédés mécaniques. — Droit fixe, 18 fr., plus 3 fr. 60 par ouvrier.		
Droit proportionnel sur la maison d'habitation et sur les magasins de vente	»	20c
— — sur l'établissement industriel	»	40c
FORMIER	7e	*40c
FOSSES mobiles inodores (Entrepreneur de)	4e	20c
FOUETS, cravaches (Fabricant ou Md de) pour son compte	7e	*40c
— — (Fabricant de) à façon	8e	*40c
FOULEUR de bas et autres articles de bonneterie	6e	20c
— de feutre pour les chapeliers	6e	20c
FOULONNIER. — Droit fixe, 3 fr. 60 par pot à fouler ou à laver.		
Droit proportionnel sur la maison d'habitation et sur les magasins de vente	»	20c
— — sur l'établissement industriel	»	40c
FOULONNIER à la mécanique. — Droit fixe, 12 fr. par machine à fouler ou à laver.		
Droit proportionnel sur la maison d'habitation et sur les magasins de vente	»	20c
— — sur l'établissement industriel	»	40c
FOURBISSEUR (Marchand)	6e	20c
FOURNALISTE	6e	20c
FOURNEAUX potagers (Fabricant et marchand de)	6e	20c

COMMERCES, INDUSTRIES ET PROFESSIONS			Classe.	Taux du droit proportionnel
FOURNIER ou cuiseur			7e	*40e
FOURNISSEURS généraux de chauffage et de lumière aux troupes. — Droit fixe	1.200	»	»	15e
FOURNISSEURS généraux d'objets concernant l'habillement, l'armement, la remonte, l'équipement des troupes, etc. — Droit fixe	1.200	»	»	15e
FOURNISSEURS généraux de subsistances aux armées. — Droit fixe	1.200	»	»	15e
FOURNISSEUR des objets ci-dessus indiqués, par division militaire. — Droit fixe	180	»	»	15e
FOURNISSEUR général dans les prisons et dépôts de mendicité. — Droit fixe, à forfait et par tête de détenus, pour un nombre de 300 et au-dessous, 180 fr., plus 30 fr. par 100 détenus en sus.				
Droit proportionnel sur la maison d'habitation seulement			»	15e
FOURNISSEURS de chauffage et de lumière aux troupes dans les garnisons. — Droit fixe	30	»	»	15e
— de fourrage aux troupes dans les garnisons. — Droit fixe	120	»	»	15e
— de vivres aux troupes dans les garnisons. — Droit fixe	60	»	»	15e
— de vivres et fourrages aux troupes dans les gîtes d'étapes. — Droit fixe	30	»	»	15e
FOURRAGES (Marchand de) par bateaux, charrettes ou voitures.			5e	20e
— (Débitant de) à la botte ou en petite partie			6e	20e
FOURREAUX pour sabres, épées, baïonnettes (Fabricant de) pour son compte			7e	*40e
FOURREAUX pour sabres, épées, baïonnettes (Fabricant de) à façon			8e	*40e
FOURREUR			4e	20e
— à façon			7e	*40e
FRANGIER (Marchand)			5e	20e
— (Fabricant) pour son compte			7e	*40e
— — à façon			8e	*40e
FRAPPEUR de gaze			8e	*40e
FRETIN (Marchand de)			7e	*40e
FRIPIER			6e	20e
FRISEUR de draps et autres étoffes de laine			7e	*40e
FRITURIER en boutique			7e	*40e
FROMAGES de pâte grasse (Marchand de) en gros			4e	20e
— — — — en détail			6e	20e
FROMAGES de Roquefort et autres fromages secs (Fabrique de). — Droit fixe	60	»		
Droit proportionnel sur la maison d'habitation et sur les magasins de vente			»	20e
— — sur l'établissement industriel			»	25e
FROMAGES (Marchand de) en gros			1re	10e
— — en demi-gros			4e	20e
— — en détail			6e	20e
FRUITIER-oranger			6e	20e

COMMERCES, INDUSTRIES ET PROFESSIONS	Classe.	Taux du droit proportionnel
FRUITIER	7e	*40e
FRUITS et légumes (Marchand-expéditeur, par chemin de fer ou par bateaux, de). — Droit fixe........... 60 »		
Droit proportionnel sur la maison d'habitation seulement..	»	15e
FRUITS et légumes (Marchand de) vendant par paniers......	6e	20e
FRUITS secs (Marchand de) en gros.................	1re	10e
— — en demi-gros................	3e	15e
— — en détail.................	6e	20e
FRUITS secs pour boisson (Marchand de)................	6e	20e
FRUITS sur bateaux (Marchand de). — Droit fixe.... 60 »		
Droit proportionnel sur la maison d'habitation seulement..	»	15e
FUMISTE................................	6e	20e
FUSEAUX (Fabricant de).......................	8e	*40e

G

	Classe.	Taux du droit proportionnel
GABARE (Maître de)........................	7e	*40e
GAINIER (Fabricant) pour son compte..............	7e	*40e
— à façon........................	8e	*40e
GALETTE, gaufres, brioches et gâteaux (Marchand de) en boutique............................	7e	*40e
GALOCHIER............................	7e	*40e
GALONNIER (Fabricant) pour son compte..............	7e	*40e
— à façon......................	8e	*40e
GALONNIER (Marchand)......................	5e	*20e
GALVANISATION du fer (Exploitant une usine pour la).— Droit fixe, 60 fr. par chaque four de fusion.		
Droit proportionnel sur la maison d'habitation et sur les magasins de vente..............	»	20e
— — sur l'établissement industriel........	»	40e
GALVANOPLASTIE (Entrepreneur de). — Droit fixe, 60 fr., plus 3 fr. 60 par ouvrier.		
Droit proportionnel sur la maison d'habitation...........	»	20e
— — sur l'établissement industriel........	»	40e
GANTIER (Marchand ou fabricant).................	3e	15e
GANTIER à façon.........................	7e	*40e
GANTIER (Marchand).......................	5e	20e
GANTIER-dresseur.........................	7e	*40e
GARDE du commerce.......................	1e	20e
GARDES-robes inodores (Fabricant et marchand de)........	6e	20e
GARE (Entrepreneur de). — Droit fixe........... 120 »		
Droit proportionnel sur la maison d'habitation seulement..	»	15e
GARGOTIER............................	7e	*40e
GARNISSEUR d'étuis pour instruments de musique..........	8e	*40e
GARNITURES de parapluies et cannes (Fabricant de).........	8e	*40e
GAUFREUR d'étoffes, de rubans, etc.................	7e	*40e
GAULES et perches (Marchand de)..................	7e	*40e
GAZ pour l'éclairage (Fabrique de). Pour les usines qui fournissent l'éclairage de tout ou partie de la ville de Paris.		

COMMERCE, INDUSTRIES ET PROFESSIONS	Classe.	Taux du droit proportionnel
— Droit fixe, 1 c. 2 dixièmes par hectolitres de la capacité des gazomètres.		
Droit proportionnel sur la maison d'habitation	»	20e
— — sur l'établissement industriel	»	40e
Pour les usines qui fournissent l'éclairage de tout ou partie :		
Des villes de 50,000 âmes et au-dessus.—Droit fixe	400	»
Des villes de 30,000 âmes et au-dessus.—Droit fixe	200	»
Des villes de 15 à 30.000 âmes.—Droit fixe..	150	»
Des villes au-dessous de 15,000 âmes. — Droit fixe	75	»
Droit proportionnel sur la maison d'habitation	»	15e
— — sur l'établissement industriel	»	16e
(Les tuyaux de conduite ne doivent pas entrer dans la valeur locative.)		
GÉLATINE (Fabrique de). — Droit fixe, 18 fr., plus 3 fr. 60 par ouvrier.		
Droit proportionnel sur la maison d'habitation et sur les magasins de vente	»	20e
— — sur l'établissement industriel	»	25e
GÉORAMA (Directeur de)	2e	»
Droit proportionnel sur la maison d'habitation seulement..	»	15e
GIBERNES (Fabricant de) pour son compte	6e	20e
— — à façon	8e	*40e
GLACE, eau congelée (Marchand de)	6e	20e
GLACES (Manufacture de). — Droit fixe	480	»
Droit proportionnel sur la maison d'habitation et sur les magasins de vente	»	20e
— — sur l'établissement industriel	»	40e
GLACES (Marchand de) en gros	1re	10e
— — en demi-gros	2e	15e
— — en détail	5e	20e
GLACIER	5e	20e
GLACIER-limonadier	3e	15e
GLACIÈRES (Maitre de). — Droit fixe	60	»
Droit proportionnel sur la maison d'habitation et sur les magasins de vente	»	20e
— — sur l'établissement industriel	»	40e
GLOBES terrestres et célestes (Fabricant et marchand de)	6e	20e
GLUCOSE (Fabrique de). — Droit fixe, 18 fr., plus 3 fr. 60 par ouvrier.		
Droit proportionnel sur la maison d'habitation et sur les magasins de vente	»	20e
— — sur l'établissement industriel	»	40e
GOMMEUR d'étoffes	6e	20e
GOUDRON (Fabrique d'huile de). —Voir HUILE DE GOUDRON.		
GRAINE de moutarde blanche (Marchand de)	6e	20e
GRAINE de vers à soie (Marchand de)	6e	20e
GRAINES fourragères, oléagineuses et autres (Marchand de) en demi-gros	4e	20.

COMMERCES, INDUSTRIES ET PROFESSIONS	Classe.	Taux du droit proportionnel
GRAINES fourragères, oléagineuses et autres (Marchand de) en détail........	7e	*40c
GRAINETIER-fleuriste (Expéditeur)........	4e	20c
— — en détail........	6e	20c
GRAINIER ou GRAINETIER........	7e	40c
GRAINS (Marchand de) en gros........	4e	20c
GRAINS et graines (Marchand de) en détail........	6e	20c
GRAINS et farines (Commissionnaire en)........	4e	20c
GRAVATIER........	7e	*40c
GRAVEUR de musique........	8e	*40c
— en caractères d'imprimerie........	7e	*40c
— sur bois........	8e	*40c
— sur cylindres........	4e	20c
GRAVEUR sur métaux (Fabricant les timbres secs et gravant sur bijoux)........	6e	20c
GRAVEUR sur métaux (Se bornant à graver des cachets, etc.)	7e	*40c
GREFFIER (Profession assujettie au droit proportion. seulement)	»	15c
GRUE (Maître de)........	6e	20c
GUÊTRIER........	7e	*40c
GUILLOCHEUR........	7e	*40c
GUIMPERIE (Fabricant de) par procédés mécaniques. — Droit fixe pour cent bouts ou cordes et au-dessous, 12 fr., plus 12 fr. par chaque centaine de bouts ou cordes au-dessus de cent.		
Droit proportionnel sur la maison d'habitation et sur les magasins de vente........	»	20c
— — sur l'établissement industriel........	»	40c
GUIMPIER........	7	*40c
GYMNASE (Maître de)........	5e	»
Droit proportionnel sur la maison d'habitation........	»	20c
— — sur les locaux servant à l'exercice de la profession........	»	40c

H

	Classe.	Taux
HALLES, marchés et emplacements sur les places publiques (Fermier ou adjudicataire des droits de). — Droit fixe, 6 fr., plus 2 fr. 40 par 1,000 fr. du prix de ferme.		
Droit proportionnel sur la maison d'habitation seulement..	»	15c
HAMEÇONS (Fabricant d')........	7e	*40c
HARMONICAS (Facteur d')........	8e	*40c
HARPES (Facteur et marchand de) ayant boutique ou magasin.	3e	15c
— (Facteur de) n'ayant ni boutique ni magasin........	6e	20c
HERBORISTE expéditeur........	4e	20c
— droguiste........	6e	20c
— ne vendant que des plantes médicinales, fraîches ou sèches........	7e	*40c
HISTOIRE naturelle (Marchand d'objets d')........	6e	20c
HONGREUR........	7e	*40c
HONGROYEUR ou hongrieur........	4e	20c

COMMERCES, INDUSTRIES ET PROFESSIONS	Classe.	Taux du droit proportionnel
HORLOGER.	3e	15e
HORLOGER repasseur.	7e	*40e
HORLOGER rhabilleur (Marchand).	6e	20e
— — non marchand.	7e	*40e
HORLOGERIE (Fabricant de pièces d') pour son compte.	6e	20e
— — — à façon.	7e	*40e
HORLOGERIE (Fabrique de pièces d') par procédés mécaniques. — Droit fixe, 12 fr., plus 3 fr. 60 par ouvrier.		
Droit proportionnel sur la maison d'habitation et sur les magasins de vente.	»	20e
— — sur l'établissement industriel.	»	40e
HORLOGERIE (Marchand de pièces d') en gros.	1re	10e
— (Marchand de fournitures d').	4e	20e
HORLOGES en bois (Fabricant ou marchand d').	7e	*40e
HOTEL garni (Maître d').	4e	»
Droit proportionnel sur la maison d'habitation et sur les locaux autres que ceux loués en garni.	»	20e
— — et sur les locaux loués en garni.	»	40e
HOTEL garni (Maître) tenant un restaurant à la carte.	3e	»
Droit proportionnel sur la maison d'habitation et sur les locaux autres que ceux loués en garni.	»	15e
— — sur ceux loués en garni.	»	40e
HOUBLON (Marchand de) en gros.	3e	15e
— en demi-gros.	4e	20e
HUILES (Marchand d') en gros.	1re	
Droit proportionnel sur la maison d'habitation.	»	10e
— — sur les locaux servant à l'exercice de la profession.	»	30e
HUILES (Marchand d') en demi-gros.	2e	15e
— — en détail.	4e	20e
HUISSIER (Profession assujettie seulement au droit proportionnel.	»	15e
HUITRES (Marchand expéditeur d') expédiant avec voitures servies par des relais ou par les chemins de fer. — Droit fixe. 120 »		
Droit proportionnel sur la maison d'habitation et sur les magasins de vente.	»	20e
— — sur l'établissement industriel.	»	40e
HUITRES (Marchand d').	6e	20e
HYDROMEL (Fabricant et marchand d').	3e	15e

I

IMAGES (Fabricant ou marchand d').	6e	20e
IMPRIMERIE (Marchand de presses, caractères et ustensiles d').	3e	15e
IMPRIMEUR d'étoffes et de fils. — Droit fixe, pour 25 tables et au-dessous, 60 fr., plus 3 fr. 60 par table en sus.		
Droit proportionnel sur la maison d'habitation et sur les magasins de vente.	»	20e
— — sur l'établissement industriel.	»	50e

COMMERCES, INDUSTRIES ET PROFESSIONS	Classe.	Taux du droit proportionnel
IMPRIMEUR en taille douce pour objets dits de ville	7e	*40c
— libraire	3e	15c
IMPRIMEUR lithographe éditeur	6e	20c
— non éditeur	7e	*40c
IMPRIMEUR sur porcelaine, faïence, verre, cristaux, émail, etc.	7e	*40c
IMPRIMEUR typographe, employant des presses ordinaires	3e	15c
— — employant des presses mécaniques	3e	»
Droit proportionnel sur la maison d'habitation	»	15c
— — sur les locaux servant à l'exercice de la profession	»	40c
INFIRMERIE d'animaux (Tenant une)	6e	20c
INGÉNIEUR civil. (Profession assujettie seulement au droit proportionnel	»	15c
INHUMATIONS et pompes funèbres de Paris (Entreprise des). — Droit fixe ... 1,000 »	»	10c
INHUMATIONS et pompes funèbres (Entreprise des) dans les autres villes que Paris	1re	10c
INSTRUMENTS aratoires (Fabricant d')	6e	20c
INSTRUMENTS de chirurgie en métal (Fabricant et marchand d')	5e	20c
— — en gomme élastique —	6e	20c
INSTRUMENTS de mathématiques, d'optique, de physique, etc. (Fabricant d') par procédés mécaniques. — Droit fixe, 18 fr., plus 3 fr. 60 par ouvrier.		
Droit proportionnel sur la maison d'habitation et sur les magasins de vente	»	20c
— — sur l'établissement industriel	»	40c
INSTRUMENTS de musique (Marchand expéditeur d')	3e	15c
— — à vent, en bois ou en cuivre (Facteur d')	6e	20c
— — en cuivre (Facteur de pièces d') pour son compte	6e	20c
— — en cuivre (Facteur de pièces d') à façon	7e	*40c
INSTRUMENTS pour les sciences (Facteur et marchand d') ayant boutique)	4e	20c
— — — (Facteur d') sans boutique ni magasin	6e	20c
— — — (Fabricant d') à façon	8e	*40c
IVOIRE (Fabricant d'objets en) pour son compte	6e	20c
— — — à façon	7e	*40c
— (Marchand d'objets en)	5e	20c

J

JAIS ou jaiet (Fabricant ou marchand d'objets en)	6e	20c
JAMBONS (Marchand expéditeur de)	3e	15c
JARDIN public (Tenant un)	4e	20c
Droit proportionnel sur la maison d'habitation	»	20c
— — sur les locaux servant à l'exercice de la profession	»	40c

COMMERCES, INDUSTRIES ET PROFESSIONS	Classe.	Taux du droit proportionnel
JAUGEAGE des liquides (Adjudicataire des droits de). — Droit fixe : 3 fr. 60, plus 2 fr. 40 par 1,000 fr. du prix de ferme.		
Droit proportionnel sur la maison d'habitation seulement...	»	15e
JAUGEUR juré pour les liquides........................	5e	20e
JEU de paume (Maitre de)............................	5e	20e
Droit proportionnel sur la maison d'habitation...........	»	20e
— — sur les locaux servant à l'exercice de la profession......................	»	40e
JEUX et amusements publics, tels que : jeux de quilles ou de mail, manége à chevaux de bois, billard anglais, etc. (Maitre de)......................	6e	20e
JOAILLIER (Fabricant et marchand) ayant atelier et magasin..	2e	15e
— (Marchand) n'ayant point d'atelier..............	3e	15e
— Fabricant pour son compte....................	5e	20e
— — à façon...........................	7e	*40e
JUS de betteraves (Fabricant de). — Droit fixe, 48 fr. par chaque presse de première ou de seconde pression.		
Droit proportionnel sur la maison d'habitation et les magasins de vente.....................	»	20e
— — sur l'établissement industriel..........	»	40e

K

KAOLIN, pétunzé, manganèse (Marchand de).............	6e	20e

L

LACETS et tresses en laine ou coton (Fabrique de) par procédés mécaniques, pour 500 broches ou fuseaux et au-dessous. — Droit fixe, 12 fr., plus 1 fr. 80 par chaque centaine de broches ou de fuseaux en sus.		
Droit proportionnel sur la maison d'habitation et les magasins de vente....................	»	20e
— — sur l'établissement industriel..........	»	50e
LAINE brute ou lavée (Marchand de) en gros..............	1re	10e
— — — — en détail.............	4e	20e
LAINE filée ou peignée (Marchand de) en gros.............	1re	10e
— — — — en demi-gros........	2e	15e
— — — — en détail............	4e	20e
LAINEUR..	4e	20e
LAIT (Marchand expéditeur de)......................	1re	10e
LAIT (Marchand de) en gros........................	4e	20e
LAIT d'ânesse (Marchand de)........................	7e	*40e
LAMIER-rotier pour son compte......................	7e	*40e
LAMIER-rotier à façon.............................	8e	*40e
LAMIER-rotier par procédés mécaniques. — Droit fixe. 60 »		
Droit proportionnel sur la maison d'habitation et les magasins de vente.....................	»	20e
— — sur l'établissement industriel..........	»	40e

COMMERCES, INDUSTRIES ET PROFESSIONS	Classe.	Taux du droit proportionnel
LAMINERIE (Entrepreneur de). — Par paire de cylindres d'un mètre de longueur et au-dessus, droit fixe 120 fr. Par paire de cylindres au-dessous d'un mètre de longueur, 60 fr.		
Droit proportionnel sur la maison d'habitation et les magasins de vente.....................	»	20e
— — sur l'établissement industriel.........	»	40e
LAMINEUR par les procédés ordinaires....................	6e	20e
LAMPISTE..	5e	20e
LANGUEYEUR de porcs..............................	8e	*40e
LANTERNIER......................................	6e	20e
LAPIDAIRE en pierres fausses (Fabricant ou marchand) ayant boutique ou magasin............................	5e	20e
LAPIDAIRE à façon................................	7e	*40e
LATTES (Marchand de) en gros......................	3e	15e
— — en détail......................	6e	20e
LAVEUR de laines.................................	5e	20e
LAVOIR public (Tenant un)	6e	»
Droit proportionnel sur la maison d'habitation...........	»	20e
— — sur les locaux servant à l'exercice de la profession......................	»	40e
LAYETIER-emballeur	5e	20e
LAYETIER.......................................	6e	20e
LAYETTES d'enfant (Marchand de).....................	7e	*40e
LÉGUMES secs (Marchand de) en gros..................	4e	20e
— — — en détail..............	7e	*40e
LEVURE ou levain (Marchand de)	6e	20e
LIBRAIRE	5e	20e
LIBRAIRE-éditeur.................................	3e	15e
LIBRAIRE (Agent de)..............................	7e	*40e
LIE de vin (Marchand de)...........................	7e	*40e
LIÉGE brut (Marchand de) en gros....................	1re	10e
LIENS de pailles, d'écorces, etc. (Fabricant et marchand de).	7e	*40e
LIMAILLES (Marchand de)	8e	*40e
LIMES (Fabrique de). — Droit fixe, 12 fr., plus 3 fr. 60 par ouvrier.		
Droit proportionnel sur la maison d'habitation et les magasins de vente.....................	»	20e
— — sur l'établissement industriel.........	»	40e
LIMES (Tailleur de)..............................	8e	*40e
LIMONADIER non glacier...........................	4e	20e
LIN (Marchand de) en détail........................	6e	20e
LIN ou chanvre (Fabricant de).......................	6e	20e
LIN ou chanvre brut ou filé (Marchand de) en gros.........	1re	10e
— — — en demi-gros....	2e	15e
LIN ou chanvre (Fabrique de) par procédés mécaniques ou chimiques. — Droit fixe, 18 fr. et 3 fr. 60 par ouvrier.		
Droit proportionnel sur la maison d'habitation et les magasins de vente.....................	»	20e
— — sur l'établissement industriel.........	»	40e
LINGE de table et de ménage (Loueur de)................	6e	20e

COMMERCES, INDUSTRIES ET PROFESSIONS	Classe	Taux du droit proportionnel
LINGE (Marchand de vieux)	7e	*40e
LINGER fournisseur	3e	15e
LINGER	6e	20e
LIQUEURS (Fabricant de)	3e	15e
LIQUEURS (Marchand de) en gros	1re	10e
— — en détail	4e	20e
LIQUEURS et eau-de-vie (Débitant de)	7e	*40e
LISEUR de dessins	6e	20e
LITHOCHROME (Imprimeur)	6e	20e
LITHOCHROMIES (Marchand de)	6e	20e
LITHOGRAPHIES (Marchand de)	6e	20e
LITHOPHANIES pour stores (Fabricant et marchand de)	6e	20e
LITS militaires (Entreprise générale des). — Droit fixe, 1,200 fr.		
Droit proportionnel sur la maison d'habitation et les magasins de vente	»	20e
— — sur l'établissement industriel	»	40e
LIVRETS (Fabricant de) pour les batteurs d'or ou d'argent	8e	*40e
LOCATION d'immeubles (Entrepreneur de)	4e	20e
LOGEUR	7e	*40e
LOGEUR de chevaux et autres bêtes de somme	7e	*40e
LOUEUR en garni	6e	»
Droit proportionnel sur la maison d'habitation	»	20e
— — sur les locaux servant à l'exercice de la profession	»	40e
LOUEUR en garni (s'il ne loue qu'une chambre)	8e	*40e
LOUEUR d'abris sur les marchés	8e	*40e
LOUEUR de bêtes de trait pour le halage et pour le renfort, etc. (sur terre)	7e	*40e
LOUEUR de livres	7e	*40e
LOUEUR de tableaux et dessins	6e	20e
— de voitures suspendues	5e	20e
LUNETIER (Fabricant)	6e	20e
— (Marchand)	5e	20e
LUNETTES (Fabricant de verres de)	7e	*40e
LUSTRES (Fabricant et marchand de)	4e	20e
LUSTREUR de fourrures	6e	20e
LUSTREUR de gants. — Voir Gantier dresseur	»	»
LUTHERIE (Marchand de fournitures de)	5e	20e
LUTHIER (Fabricant) pour son compte	5e	20e
— — à façon	7e	*40e

M

MACHINES à vapeur, métiers mécaniques pour la filature et pour le tissage et autres (Constructeur de). — Droit fixe, 30 fr.; plus, 3 fr. 60 par ouvrier.		
Droit proportionnel sur la maison d'habitation et sur les magasins de vente	»	20e
— — sur l'établissement industriel	»	50e
MAÇON (Maître)	6e	20e
— à façon	7e	*40e

COMMERCES, INDUSTRIES ET PROFESSIONS	Classe.	Taux du droit proportionnel
Maçonnerie (Entrepreneur de)	4^e	20^e

MAÇONNERIE (Entrepreneur de)............................ 4ᵉ 20ᵉ
MADRAGUES (Fermier de). — Droit fixe, 30 fr.
   Droit proportionnel sur la maison d'habitation seulement.. » 15ᵉ
MAGASIN de plusieurs espèces de marchandises (Tenant un),
   lorsqu'il occupe habituellement plus de cinq personnes
   préposées à la vente : 25 fr. par personne dans les villes
   d'une population de plus de 100,000 âmes ; 20 fr. dans
   celles d'une population de 50,000 à 100,000 âmes, et
   15 fr. dans les villes d'une population inférieure à
   50,000, le tout jusqu'au maximum de 2,000.......... » 10ᵉ
MAGASIN de vêtements (Tenant un), lorsqu'il occupe habituellement plus de cinq personnes préposées à la vente ;
   25 fr. par personne, dans les villes d'une population de
   plus de 100,000 âmes ; 20 fr. dans celles de 50,000 à
   100,000 âmes, et 15 fr. dans les villes d'une population
   inférieure à 50,000, le tout jusqu'au maximum de 2,000. » 10ᵉ
   Pour ces deux professions (Droit proportionnel sur la maison d'habitation.. » 20ᵉ
   — — sur les locaux servant à l'exercice de la profession » 40ᵉ
MAGASIN général (Exploitant un)........................ 2ᵉ »
   Droit proportionnel sur la maison d'habitation........... » 15ᵉ
   — — sur les locaux servant à l'exercice de la profession................... » 40ᵉ
MAGASINIER... 5ᵉ »
   Droit proportionnel sur la maison d'habitation........... » 15ᵉ
   — — sur les locaux servant à l'exercice de la profession................... » 40ᵉ
MAILLECHORT et autres compositions métalliques (Fabricant
   ou marchand en gros)............................ 4ᵉ 20ᵉ
MAILLECHORT et autres compositions métalliques (Fabricant
   ou marchand en détail)........................... 6ᵉ 20ᵉ
MAILLECHORT et autres compositions métalliques (Fabricant
   d'objets en) à façon............................. 8ᵉ *10ᵉ
MAISON particulière de retraite (Tenant une).............. 6ᵉ »
   Droit proportionnel sur la maison d'habitation........... » 20ᵉ
   — — sur les locaux servant à l'exercice de la profession................... » 40ᵉ
MAISON particulière de santé (Tenant une). — Droit fixe, 120 fr.
   Droit proportionnel sur la maison d'habitation........... » 20ᵉ
   — — sur les locaux servant à l'exercice de la profession................ » 40ᵉ
MANDATAIRE agréé près les tribunaux de commerce (profession
   assujettie seulement au droit proportionnel)............. » 15ᵉ
MANDATAIRE salarié pour l'administration des faillites....... 4ᵉ 20ᵉ
MANÉGE d'équitation (Tenant un)........................ 4ᵉ »
   Droit proportionnel sur la maison d'habitation........... » 20ᵉ
   — — sur les locaux servant à l'exercice de la profession................... » 40ᵉ
MARBRE (Marchand de) en gros......................... 3ᵉ 15ᵉ
MARBRE factice (Fabricant et marchand d'objets en)........ 6ᵉ 20ᵉ
MARBREUR sur tranches................................. 7ᵉ *40ᵉ

COMMERCES, INDUSTRIES ET PROFESSIONS	Classe.	Taux du droit proportionnel
MARBRIER.	6e	20e
MALT ou orge germée servant à la fabrication de la bière (Fabrique de). — Droit fixe, 18 fr., plus 3 fr. 60 par ouvrier.		
Droit proportionnel sur la maison d'habitation...........	»	20e
— — sur l'établissement industriel.........	»	40e
MARCHAND forain :		
Avec voiture à un seul collier. — Droit fixe... 40 »	»	15e
Avec voiture à deux colliers. — Droit fixe.... 60 »	»	15e
Avec voiture à trois colliers et au-dessus, ou ayant plusieurs voitures. — Droit fixe..... 120 »	»	15e
Avec bête de somme. — Droit fixe.......... 15 »	»	15e
Avec balle. — Droit fixe................. 8 »	»	15e
(Les droits ci-dessus doivent être réduits de moitié lorsque le marchand forain ne vend que des balais, de la boissellerie, des bouteilles, des pierres à aiguiser, de la poterie ou de la vannerie.)		
MARCHANDE à la toilette..............................	7e	*40e
MARÉCHAL expert...................................	5e	20e
— ferrant..................................	6e	20e
MAREYEUR expéditeur, par voitures servies par des relais ou par chemin de fer. — Droit fixe............ 120 »		
Droit proportionnel sur la maison d'habitation et sur les magasins de vente...................	»	20e
— — sur l'établissement industriel.........	»	40e
MAROQUIN (Fabrique de) avec machines à vapeur ou moteur hydraulique. — Droit fixe,............... 120 »		
Droit proportionnel sur la maison d'habitation et sur les magasins de vente	»	20e
— — sur l'établissement industriel.........	»	40e
MAROQUINIER pour son compte........................	5e	20e
— à façon	7e	*40e
MARRONS et châtaignes (Marchand expéditeur de)..........	5e	20e
— — — en détail	8e	*40e
MARTINETS (Maître de) :		
Pour chacun des marteaux mis en mouvement par l'arbre d'engrenage. — Droit fixe, 6 fr., réductible à moitié en cas de chômage de quatre mois au moins.		
Droit proportionnel sur la maison d'habitation et sur les magasins de vente................	»	20e
— — sur l'établissement industriel.........	»	40e
MASQUES (Fabricant et marchand de)......................	6e	20e
MATELASSIER..	8e	*40e
MATÉRIAUX (Marchand de vieux)........................	6e	20e
MATS (Constructeur de)..................................	4e	20e
MÉCANICIEN	4e	20e
MÉCANICIEN à façon, travaillant pour des maitres ou pour des particuliers	7e	40e
MÈCHES pour les mines et les artificiers (Fabricant de). — Droit fixe, 12 fr., plus 3 fr. 60 par ouvrier.		
Droit proportionnel sur la maison d'habitation et sur les magasins de vente,...............	»	20e

COMMERCES, INDUSTRIES ET PROFESSIONS	Classe.	Taux du droit proportionnel
— — sur l'établissement industriel.........	»	25e
MÈCHES et veilleuses (Marchand et fabricant de)...........	8e	*40e
MÉGISSIER pour son compte...........................	5e	20e
MÉGISSIER à façon.................................	7e	*40e
MENUISIER (Entrepreneur)...........................	4e	20e
MENUISIER.....................................	6e	20e
MENUISIER à façon, auquel on fournit la matière...........	7e	*40e
MENUISIER mécanicien..............................	5e	20e
MERCERIES (Marchand de) en gros.....................	1re	10e
— — en demi-gros..................	2e	15e
— — en détail......................	4e	20e
MERCERIE (Marchand de menue)........................	6e	20e
MESURAGE (Fermier des droits de). — Droit fixe, 3 fr. 60, plus 2 fr. 40 par 1,000 fr. du prix de ferme.		
Droit proportionnel sur la maison d'habitation seulement..	»	15e
MESURES linéaires, règles et équerres (Fabricant de) pour son compte	7e	*40e
MESURES linéaires, règles et équerres (Fabricant de) à façon..	8e	*40e
MÉTAUX autres que l'or, l'argent, le fer en barres et la fonte (Marchand de) en gros.....................	1re	10e
— — en demi-gros..................	2e	15e
— — en détail	4e	20e
MÉTIERS à bas (Forgeur de) pour son compte..............	5e	20e
— — à façon.....................	7e	*40e
MÉTIERS (Fabrique à). — Droit fixe, 3 fr. par métier. (Les fabricants à métiers à façon ayant moins de 10 métiers sont exemptés de la patente. Lorsqu'ils ont 10 métiers ou plus, le droit fixe est, pour eux, réductible à la moitié).		
Droit proportionnel sur la maison d'habitation et sur les magasins de vente..................	»	20e
— — sur l'établissement industriel.........	»	50e
MÉTREUR de bâtiments, de bois, de pierres...............	7e	40e
METTEUR en œuvre, pour son compte....................	6e	20e
MEUBLES (Marchand de).............................	5e	20e
MEUBLES et outils d'occasion (Marchand de)..............	6e	20e
MEULES à aiguiser (Fabricant et marchand de).............	5e	20e
MEULES de moulins (Fabricant de)......................	4e	20e
— — (Marchand de)......................	5e	20e
MIEL et cire brute (Marchand expéditeur de)..............	1re	10e
— — (Marchand non expéditeur de)...........	4e	20e
MINE de plomb (Marchand de) en gros...................	1re	10e
— — — en détail...................	5e	20e
MINERAI de fer (Marchand de) ayant magasin	5e	20e
MINIÈRES non concessibles et extraction de minerai de fer (Exploitant de). — Droit fixe, 6 fr., plus 3 fr. 60 par ouvrier.		
Droit proportionnel sur la maison d'habitation seulement..	»	15e
MIROITIER....................................	5e	20e
MODES (Marchand de)	3e	15e
MODISTE......................................	5e	20e

COMMERCES, INDUSTRIES ET PROFESSIONS	Classe.	Taux du droit proportionnel

MODISTE à façon 8e *40e

MOIREUR d'étoffes, pour son compte 6e 20e

— — à façon.. 8e *40e

MONNAIES (Directeur des) :

    A Paris. — Droit fixe.................... 1.000 »

    Dans toutes les autres villes.............. 500 »

    Droit proportionnel sur la maison d'habitation seulement... » 20e

MONTEUR d'agrès et de manœuvres de navires............. 5e 20e

MONTEUR de boites de montres, pour son compte.......... 5e 20e

— — à façon................... 7e *40e

MONTEUR de métiers..................................... 6e 20e

MONTEUR en bronze..................................... 7e *40e

MONUMENTS funèbres (Entrepreneur de).................... 5e 20e

MOSAIQUES (Marchand de)............................... 6e 20e

MOULES de boutons (Fabricant de)....................... 8e *40e

MOULIN ou autre usine à battre, triturer, broyer, pulvériser, presser. — Droit fixe, 6 fr. par paire de meules ou de cylindres et par presse, et 1 fr. 20 par pilon jusqu'au maximum de 300 fr.

    Lorsque les meules et les cylindres ne fonctionnent pas par paire, il est dû le droit fixe afférent à la paire, à la machine ou au jeu des machines qui en tiennent lieu.

    La moitié seulement du droit est dû pour les moulins à bras, à manége et à vent, et pour les moulins mus par l'eau qui sont forcés de chômer pendant au moins quatre mois.

    Droit proportionnel sur la maison d'habitation et sur les magasins de vente.............. » 20e

— — sur l'établissement industriel........ » 40e

    (Les usines à bras sont exemptes du droit proportionnel.)

MOULINIER en soie (pour son compte ou à façon). — Droit fixe, 6 fr., plus 6 fr. par centaine de tavelles, et 72 c. par centaine de broches, fuseaux et baguettes ou axes supportant les bobines et roquets de toute nature.

    (Ce droit est réductible à la moitié pour le moulinier en soie et coton mélangés.)

    Droit proportionnel sur la maison d'habitation et sur les magasins de vente................. » 20e

— — sur l'établissement industriel........ » 40e

MOULURES (Fabricant de) pour son compte............... 5e 20e

— — à façon.................................... 7e *40e

— (Marchand de) en boutique................... 5e 20e

MOUTARDIER (Marchand) en gros....................... 4e 20e

— — en détail...................... 7e *40e

MOUTONS et agneaux (Marchand de)...................... 4e 20e

MULETIER... 7e *40e

MULETS et mules (Marchand de)......................... 4e 20e

MULQUINIER.. 6e 20e

MUSIQUE (Marchand de)................................. 5e 20e

COMMERCES, INDUSTRIES ET PROFESSIONS	Classe.	Taux du droit proportionnel
N		
NACRE brute (Marchand de)	3e	15e
NACRE de perle (Fabricant d'objets en) pour son compte	5e	20e
— — à façon	7e	*40e
— (Marchand d'objets en)	5e	20e
NATATION (Tenant une école de)	5e	»
Droit proportionnel sur la maison d'habitation	»	20e
— — sur les locaux servant à l'exercice de la profession	»	40e
NATTIER	8e	*40e
NATURALISTE (Marchand)	6e	20e
— (Préparateur) à façon	7e	*40e
NAVETIER (Fabricant)	7e	*40e
NAVIRES (Constructeur de)	3e	15e
NÉCESSAIRES (Fabricant de) pour son compte	6e	20e
— — à façon	8e	*40e
— (Marchand de)	4e	20e
NÉGOCIANT (celui qui fait le commerce en gros de plusieurs sortes de marchandises).		
Droit fixe : à Paris	400 »	»	10e
Dans les villes de 50,000 âmes et au-dessus	300 »	»	10e
Dans les villes de 30,000 à 50,000 âmes, et dans celles de 15,000 à 30,000 qui ont un entrepôt réel	200 »	»	10e
Dans les villes de 15,000 à 30,000 âmes, et dans celles inférieures à 15,000 âmes, qui ont un entrepôt réel	150 »	»	10e
Dans toutes les autres communes	100 »	»	10e
NÉORAMA (Directeur de)	2e	»
Droit proportionnel sur la maison d'habitation seulement	»	15e
NERFS (Batteur de)	8e	*40e
NOIR animal (Fabrique de). — Droit fixe	60 »	
Droit proportionnel sur la maison d'habitation et sur les magasins de vente	»	20e
— — sur l'établissement industriel	»	25e
NOIR de fumée et noir animal (Marchand de)	7e	*40e
NOTAIRE. Profession assujettie seulement au droit proportionnel	»	15e
NOUGAT (Fabricant expéditeur de)	4e	20e
NOURRISSEUR de vaches et de chèvres pour le commerce du lait	6e	20e
NOUVEAUTÉS (Marchand de) n'occupant pas plus de cinq personnes préposées à la vente	2e	15e
O		
OCTROI (Adjudicataire des droits d'). — Droit fixe, 6 fr., plus 2 fr. 40 par 1,000 fr. du prix d'adjudication.		
Droit proportionnel sur la maison d'habitation seulement	»	15e
ŒILLETS métalliques (Fabricant d')	8e	*40e

COMMERCES, INDUSTRIES ET PROFESSIONS	Classe.	Taux du droit proportionnel
Œufs ou volailles (Marchand expéditeur d')...............	1re	10e
— — — — en gros.........	4e	20e
Officier de santé. — Profession assujettie seulement au droit proportionnel.....................................	»	15e
Orgnons (Cuiseur ou grilleur d')........................	7e	40e
Oiselier...	7e	40e
Omnibus (Entreprise d'). — Droit fixe, 10 fr., plus 1 fr. par place des voitures en circulation dans les villes au-dessus de 100,000 âmes, 75 centimes dans celles de 50,000 à 100,000 âmes, et 50 centimes dans celles au-dessous de 50,000 âmes. Le tout jusqu'au maximum de 1,000 fr.		
Le droit par place doit être réduit de moitié pour les places dont le prix est au-dessous de 20 centimes.		
Droit proportionnel sur la maison d'habitation...........	»	10e
— — sur les locaux servant à l'exercice de la profession......................	»	40e
Opticien à façon.....................................	8e	*40e
Or et Argent (Marchand de)...........................	2e	15e
Oranges, Citrons (Marchand expéditeur d')...............	4e	20e
— — (Marchand de) en boutique et en détail....	6e	20e
Orfèvre (Marchand fabricant) avec atelier et magasin......	2e	15e
— (Marchand) sans atelier......................	3e	15e
— (Fabricant) pour son compte..................	5e	20e
— — à façon........................	7e	*40e
Orgues d'église (Facteur d')...........................	4e	20e
Orgues portatives (Facteur d') pour son compte...........	5e	20e
— — — à façon...................	7e	*40e
Oribus (Faiseur et marchand d')........................	8e	*40e
Ornemaniste...	4e	20e
Orthopédie (Tenant un établissement d'). Droit fixe, 120 fr.		
Droit proportionnel sur la maison d'habitation...........	»	20e
— — sur les locaux servant à l'exercice de la profession......................	»	40e
Os (Fabricant d'objets en) pour son compte...............	6e	20e
— — à façon	8e	*40e
Os pour la fabrication du noir animal (Marchand en gros)...	1re	10e
Osier (Marchand d') vendant par voiture ou par bateau.....	5e	20e
— — vendant à la hotte ou par petites quantités.	8e	*40e
Ouate (Fabricant et marchand de)......................	7e	*40e
Ourdisseur de fils	8e	*40e
Outils, instruments et harnais à l'usage des ouvriers tisseurs (Marchand d').......................................	7e	*40e
Outres (Fabricant d') pour son compte...................	6e	20e
— — à façon.........................	7e	*40e
— (Marchand d')...............................	6e	20e
Ovaliste..	7e	*40e

P

Pacotilleur	3e	15e
Paillassons (Fabricant de).............................	8e	*40e

COMMERCES, INDUSTRIES ET PROFESSIONS	Classe.	Taux du droit proportionnel
PAILLE (Fabr. de tissus pour les chapeaux de) p. son compte	6e	20c
— (Fabricant de tresses, cordonnet, etc.).............	7c	*40c
— (Fabricant de tissus pour les chapeaux de) à façon..	7e	*40c
— coupée pour chaises (Marchand de)...............	7c	*40e
— teinte (Fabricant et marchand de).................	7c	*40c
PAILLETTES et Paillons (Fabricant de) pour son compte).....	6e	20c
— — — à façon.............	8c	*40c
PAIN (Marchand de) en boutique.......................	7c	*40c
— d'épices (Fabricant ou marchand de) en boutique......	6c	20c
PAINS à cacheter et à chanter (Fabricant et marchand de)....	6c	20c
PANORAMA (Directeur de).............................	2c	»
Droit proportionnel sur la maison d'habitation seulement.	»	15c
PANTOUFLES (Fabricant de) pour son compte..............	7c	*40c
— — à façon....................	8c	*40c
— (Marchand de)	6c	20c
PAPETERIE à la cuve. Droit fixe par cuve, 18 fr. — Ce droit sera réduit de moitié pour les papeteries à la cuve qui sont forcées, par manque ou par crue d'eau, de chômer pendant une partie de l'année équivalente au moins à quatre mois.		
Droit proportionnel sur la maison d'habitation et sur les magasins de vente...............	»	20c
— — sur l'établissement industriel.........	»	40c
PAPETERIE à la mécanique. — Droit fixe, 60 fr. par machine ne pouvant fabriquer que du papier d'un mètre de largeur et au-dessous; et lorsque la machine peut fabriquer du papier plus large, 1 fr. 80 en sus par chaque centimètre de largeur excédant le mètre; plus, par machine servant à la trituration des chiffons et des pâtes, le droit dont elle est passible considéré comme moulin.		
Le droit sera réduit de moitié pour les machines ne séchant pas le papier, et pour celles qui ne servent à fabriquer que du carton ou des papiers gris.		
Droit proportionnel sur la maison d'habitation et les magasins de vente.....................	»	20c
— — sur l'établissement industriel.........	»	40c
PAPETIER (Marchand) en gros...........................	1re	10c
— — en demi-gros	2c	15c
— — en détail.....................	4c	20c
PAPIERS de fantaisie, papiers déchiquetés, papier végétal (Fabricant pour son compte et marchand de).............	6c	20c
PAPIERS de fantaisie, papiers déchiquetés, papier végétal à façon, etc...................................	7c	*40c
PAPIERS imprimés et vieux papiers (Marchand de).........	7c	*40c
PAPIERS ou taffetas préparés pour usages médicinaux (Fabrique de). — Droit fixe................. 60 »		
Droit proportionnel sur la maison d'habitation et les magasins de vente.....................	»	20c
— — sur l'établissement industriel.........	»	25c
PAPIERS ou taffetas préparés pour usage médicinaux (Marchand de)	5e	20c
PAPIERS peints pour tenture (Fabrique de) pour 15 tables et		

COMMERCES, INDUSTRIES ET PROFESSIONS	Classe.	Taux du droit proportionnel

au-dessous. — Droit fixe, 48 fr. et 3 fr. 60 par table en sus.

Droit proportionnel sur la maison d'habitation et les magasins de vente	»	30ᵉ
— — sur l'établissement industriel	»	40ᵉ
PAPIERS peints pour tenture (Marchand de)	5ᵉ	20ᵉ
PAPIERS pour emballage et pour sacs (Marchand de)	6ᵉ	20ᵉ
PAPIERS verrés ou émerisés (Fabricant de)	8ᵉ	*40ᵉ
PARAPLUIES (Fabricant et marchand de)	6ᵉ	20ᵉ
PARC aux charrettes (Tenant un)	5ᵉ	»
Droit proportionnel sur la maison d'habitation	»	20ᵉ
— — sur les locaux servant à l'exercice de la profession	»	40ᵉ
PARCHEMINIER, pour son compte	6ᵉ	20ᵉ
— à façon	8ᵉ	*40ᵉ
PARFUMEUR (Marchand) en gros	1ʳᵉ	10ᵉ
— — en demi-gros	2ᵉ	15ᵉ
— — en détail	5ᵉ	20ᵉ
PARQUETEUR menuisier	6ᵉ	20ᵉ
PASSEMENTIER (Marchand)	5ᵉ	20ᵉ
(Fabricant), pour son compte, lorsqu'il fabrique des articles dont la confection n'exige point l'emploi de métiers	7ᵉ	40ᵉ
PASSEMENTIER (Fabricant à façon)	8ᵉ	*40ᵉ

Le passementier à façon qui emploie dix métiers ou au-dessus est imposable à la moitié des droits qu'il devrait payer s'il fabriquait pour son compte. Le passementier qui s'occupe des deux espèces de fabrication est imposable comme le patentable qui a plusieurs établissements.

PASTEL (Marchand de) en gros	1ʳᵉ	10ᵉ
— — en détail	4ᵉ	20ᵉ
PASTILLEUR	7ᵉ	40ᵉ
PATACHIER	7ᵉ	40ᵉ
PATE de rose (Fabricant de bijoux en)	8ᵉ	*40ᵉ

PATES alimentaires (Fabrique de). — Droit fixe, 18 fr., plus 3 fr. 60 par ouvrier.

Droit proportionnel sur la maison d'habitation et les magasins de vente	»	20ᵉ
— — sur l'établissement industriel	»	25ᵉ
PATES alimentaires (Marchand de)	6ᵉ	20ᵉ
PATISSIER expéditeur	3ᵉ	15ᵉ
— non expéditeur	4ᵉ	20ᵉ
— brioleur	7ᵉ	40ᵉ

PATOUILLET ou lavoir de minerai; pour chaque usine, 18 fr. (Ce droit sera réduit de moitié pour les patouillets ou lavoirs qui sont forcés de chômer, par crue ou par manque d'eau pendant une partie de l'année équivalente au moins à quatre mois.)

Droit proportionnel sur la maison d'habitation et les magasins de vente	»	20ᵉ
— — sur l'établissement industriel	»	40ᵉ

COMMERCES, INDUSTRIES ET PROFESSIONS	Classe.	Taux du droit proportionnel
PAVÉS (Marchand de)	5e	20e
PAVEUR	6e	20e
PÉAGE sur une route (Concessionnaire des droits de) lorsque la longueur de la route n'excède pas un myriamètre. — Droit fixe 18 »		
PEAUSSIER (Marchand) en gros	1re	10e
— — en demi-gros	2e	15e
— — en détail	4e	20e
PEAUX de lièvres et de lapins (Marchand de) en boutique	6e	20e
PEAUX en vert ou crues (Marchand de)	4e	20e
PÊCHE (Adjudicataire ou fermier de). — Droit fixe, 3 fr. 60, plus 2 fr. 40 par 1,000 fr. du prix de ferme.		
Droit proportionnel sur la maison d'habitation seulement	»	15e
PÉDICURE	7e	40e
PEIGNERIE ou carderie de coton, de laine ou de bourre de soie, par procédés mécaniques. — Droit fixe, 6 fr. par assortiment de machines à peigner ou à carder.		
Droit proportionnel sur la maison d'habitation et les magasins de vente	»	20e
— — sur l'établissement industriel	»	40e
PEIGNES (Marchand de) en boutique	6e	20e
PEIGNES en écaille, ivoire, corne, buis, etc. (Fabricant de) pour son compte	6e	20e
PEIGNES en écaille, ivoire, corne, buis etc. (Fabricant de) à façon	8e	*40e
PEIGNES à sérancer (Fabricant de) pour son compte	6e	20e
— — — à façon	8e	*40e
— de soie (Marchand de)	5e	20e
— en cannes ou roseaux pour le tissage (Fabricant et marchand de)	8e	*40e
PEIGNEUR de chanvre, de lin ou de laine	7e	*40e
PEIGNEUR ou gratteur de toiles de coton	7e	*40e
PEINTRE en armoiries, attributs et décors	7e	*40e
PEINTRE en bâtiments, non entrepreneur	6e	20e
PEINTRE vernisseur en voitures ou équipages	5e	20e
PEINTRE ou doreur, soit sur verre ou cristal, ou porcelaine, pour son compte	7e	*40e
— à façon	8e	*40e
PEINTURE en bâtiments (Entrepreneur de)	4e	20e
PEINTURE sur verre (Exploitant un établissement de). — Droit fixe, 36 fr. par four.		
Droit proportionnel sur la maison d'habitation et les magasins de vente	»	20e
— — sur l'établissement industriel	»	40e
PELLES de bois (Fabricant et marchand de)	8e	*40e
PELLETERIES et fourrures (Marchand de) en gros, s'il tire habituellement des pelleteries de l'étranger ou s'il en envoie.	1re	10e
PELLETERIES et fourrures (Marchand de) en détail	4e	20e
PENDULES et bronzes (Marchand de) en gros	1re	10e
— — — en détail	3e	15e
PENSION bourgeoise (Tenant)	6e	20e

COMMERCES, INDUSTRIES ET PROFESSIONS	Classe.	Taux du droit proportionnel
PENSION particulière de vieillards (Tenant)..................	6e	20e
PERCEUR de perles...	8e	*40e
PERLES fausses (Fabricant de) pour son compte............	6e	20e
— — — à façon....................	8e	*40e
PERCEUR de pierres fines et diamants, par procédés mécaniques. — Droit fixe, 12 fr., plus 3 fr. 60 par ouvrier.		
Droit proportionnel sur la maison d'habitation et les magasins de vente.....................	»	20e
— — sur l'établissement industriel.........	»	40e
PERLES fausses (Marchand de).............................	5e	20e
PERRUQUIER..	7e	*40e
PESAGE (Fermier des droits de). — Droit fixe, 3 fr. 60, plus 2 fr. 40 par 1,000 fr. du prix de ferme.		
Droit proportionnel sur la maison d'habitation seulement..	»	15e
PESEUR et mesureur juré...................................	6e	20e
PHARMACIEN...	3e	15e
PHOTOGRAPHE..	6e	20e
PIANOS et clavecins (Facteurs et marchands en boutique ou magasin de)..	3e	15e
PIANOS et clavecins (Facteurs et marchands) n'ayant ni boutique ni magasin...	6e	20e
PIANOS (Loueur de)...	6e	20e
PIERRES à brunir (Fabricant et marchand de).............	6e	20e
PIERRES à feu (Fabricant expéditeur de). —Droit fixe. 30 »		
Droit proportionnel sur la maison d'habitation et les magasins de vente.....................	»	20e
— — sur l'établissement industriel.........	»	25e
PIERRE artificielle ou factice (Fabricant d'objets en)........	4e	20e
PIERRES bleues (Marchand de) pour le blanchissage du linge.	6e	20e
PIERRES brutes (Marchand de)	5e	20e
PIERRES de touche (Marchand de)............................	7e	*40e
PIERRES fausses (Fabricant de).............................	6e	20e
— fines (Marchand de).................................	1re	10e
PIERRES lithographiques (Marchand de).....................	5e	20e
PIERRES taillées (Marchand de).............................	6e	20e
PINCEAUX (Fabricant de) pour son compte..................	6e	20e
— — à façon.........................	8e	*40e
PHOTOGRAPHIE (Fabricant et marchand d'appareils, ustensiles et fournitures pour la) ayant boutique ou magasin......	4e	20e
PIPES (Fabrique de). — Droit fixe, 30 fr. par four.		
Droit proportionnel sur la maison d'habitation et les magasins de vente.....................	»	20e
— — sur l'établissement industriel.........	»	25e
PIPES assorties (Marchand de)...............................	6e	20e
— de terres — en détail....................	8e	*40e
PIQUEUR de cartes à dentelles..............................	8e	*40e
— de cartons.......................................	6e	20e
— de grès..	8e	*40e
PIQUONNIER..	7e	*40e
PLAFONNEUR et plâtrier......................................	6e	20e
— — à façon...........................	7e	*40e

COMMERCES, INDUSTRIES ET PROFESSIONS	Classe.	Taux du droit proportionnel
PLANCHES (Marchand de) en gros	1re	10e
— — en détail	5e	20e
PLANCHES ou ifs à bouteilles (Fabricant de)	7e	*40e
PLANEUR en métaux	7e	*40e
PLANTS, arbres ou arbustes (Marchand de)	6e	20e
PLAQUÉ ou doublé d'or ou d'argent (Fabricant et marchand d'objets en)	3e	15e
PLAQUEUR	7e	*40e
PLATRE (Fabrique de). — Droit fixe, 1 fr. 20 par mètre cube de la capacité brute des fours, réductible à moitié pour les fours pour lesquels on fait moins de 8 fournées par an. Droit proportionnel sur la maison d'habitation et sur les magasins de vente	»	20e
— — sur l'établissement industriel	»	25e
PLATRE (Marchand de)	6e	20e
PLATRIER et plafonneur (Entrepreneur)	4e	20e
PLIEUR d'étoffes	4e	20e
PLIEUR de fils de soie à façon	8e	*40e
PLOMBS de chasse (Fabricant ou marchand de)	6e	20e
PLOMBIER	5e	20e
PLUMASSIER (Fabricant et marchand)	5e	20e
— à façon	8e	*40e
PLUMEAUX (Marchand, fabricant de) pour son compte	7e	*40e
— (Fabricant de) à façon	8e	*40e
PLUME et duvet (Marchand de) en gros	1re	10e
— — en détail	3e	15e
PLUMES à écrire (Marchand expéditeur de)	3e	15e
PLUMES à écrire (Marchand non expéditeur de)	5e	20e
— — (Apprêteur de)	8e	*40e
— métalliques (Fabricant de) par procédés mécaniques. — Droit fixe, 18 fr. plus 3 fr. 60 par ouvrier. Droit proportionnel sur la maison d'habitation et les magasins de vente	»	20e
— — sur l'établissement industriel	»	40e
PLUMES métalliques (Marchand fabricant de)	6e	20e
POELIER en faïence, fonte, etc.	6e	20e
POINTES (Fabrique de) par procédés ordinaires. — Droit fixe 12 fr., plus 3 fr. 60 par ouvrier. Droit proportionnel sur la maison d'habitation et les magasins de vente	»	20e
sur l'établissement industriel	»	25e
POIRES à poudre (Fabricant de) pour son compte	7e	*40e
— — — à façon	8e	*40e
POIS d'iris (Fabricant de)	8e	*40e
POISSON frais (Marchand de) expéditeur ou vendant aux détaillants	5e	20e
POISSON (Marchand de) en détail	7e	*40e
— salé, mariné, sec et fumé (Marchand de) en gros	1re	10e
— — — en demi-gros	3e	15e
POLISSEUR d'objets en or, argent, cuivre, acier, écaille, os, corne, etc.	6e	20e

COMMERCES, INDUSTRIES ET PROFESSIONS	Classe.	Taux du droit proportionnel

POLISSEUR, tourneur ou émouleur, par procédés mécaniques. — Droit fixe, 18 fr., plus 3 fr. 60 par ouvrier.

Droit proportionnel sur la maison d'habitation et sur les magasins de vente...............	»	20e
— — sur l'établissement industriel........	»	40e
POLYTYPAGE (Fabricant de)............................	4e	20e
POMMES de pin et d'autres arbres résineux (Marchand de) en gros...	4e	20e
POMMES et autres fruits, considérés comme n'étant pas des fruits secs (Marchand de), en gros....................	4e	20e
POMMES de terre (Marchand de) en gros....................	4e	20e
POMPES à incendie (Fabricant de).......................	4e	20e
POMPES de métal (Fabricant de)........................	5e	20e
POMPES de bois et pièces pour la conduite des eaux (Fabricant de)..	7e	40e

PONT (Concessionnaire ou fermier de péage sur un) :

Dans l'intérieur de Paris..................	200	»
— d'une ville de 50,000 âmes et au-dessus...............	100	»
— d'une ville de 20,000 à 50,000 âmes..................	75	»

Dans les autres communes d'une population inférieure à 20,000 âmes lorsque le pont réunit :

Deux parties d'une route nationale...........	75	»
— d'une route départementale......	50	»
— d'un chemin vicinal de grande communication..................	25	»
— d'un chemin vicinal.............	15	»

Lorsque le pont réunit deux routes ou chemins de classes différentes, le droit fixe est établi d'après la moyenne des taxes afférentes aux deux classes.

Droit proportionnel sur la maison d'habitation seulement.	»	20e
PONTON-DÉBARCADÈRE (Exploitant de)..................	6e	20e

PORCELAINE (Manufacture de). — Droit fixe, 36 fr. par four.

Droit proportionnel sur la maison d'habitation et sur les magasins de vente...............	»	20e
— — sur l'établissement industriel........	»	40e
PORCELAINE (Marchand de) en gros.....................	1re	10e
— — en demi-gros.............	2e	15e
— — en détail....................	5e	20e
PORSES pour les papetiers (Fabricant de).................	6e	20e
PORTEFEUILLES (Fabricant de) pour son compte...........	6e	20e
— — à façon....................	8e	*40e
— (Marchand de).........................	6e	20e
PORTEUR d'eau, avec cheval et voiture....................	8e	*40e

POTERIE (Fabrique de). — Droit fixe, 6 fr., plus 2 fr. 40 par ouvrier.

Droit proportionnel sur la maison d'habitation et les magasins de vente....................	»	20e
— — sur l'établissement industriel........	»	25e
POTERIE de terre (Marchand de)........................	7e	*40e

COMMERCES, INDUSTRIES ET PROFESSIONS				Classe.	Taux du droit proportionnel
POTERIE (Marchand forain sur bateaux de) :					
Pour un bateau. — Droit fixe	30	»	»		15e
Pour deux bateaux	60	»	»		15e
Pour trois bateaux et au-dessus	100	»	»		15e
POTERIES (Marchand de) en gros				4e	20e
POTIER d'étain				6e	20e
POUDRE d'or, de bronze et autres métaux (Fabricant et marchand de)				6e	20e
POUDRETTE (Marchand de)				6e	20e
POULIEUR (Fabricant)				6e	20e
PRESSEUR d'étoffes pour les teinturiers et les dégraisseurs				7e	*40e
PRESSEUR de poisson de mer				4e	20e
PRESSEUR de sardines				4e	20e
PRESSOIR (Voir MOULIN ou autre usine).					
PRÉSURIER				7e	*40e
PRODUITS chimiques (Manufacture de). — Droit fixe, 18 fr., plus 3 fr. 60 par ouvrier.					
Droit proportionnel sur la maison d'habitation et sur les magasins de vente				»	20e
— — sur l'établissement industriel				»	40e
PUITS (Maître cureur de)				8e	*40e

Q

QUINCAILLERIE (Fabrique de). — Droit fixe, 12 fr., plus 3 fr. 60 par ouvrier.					
Droit proportionnel sur la maison d'habitation et sur les magasins de vente				»	20e
— — sur l'établissement industriel				»	40e
QUINCAILLLERIES (Marchand de) en gros				1re	10e
QUINCAILLER en demi-gros				2e	15e
— en détail				4e	20e
QUEUES de billard (Fabricant de) pour son compte				6e	20e
— — — à façon				7e	*40e

R

RAMONAGE (Entrepreneur de)				6e	20e
RAMPISTE				6e	20e
RAQUETTES ou volants (Fabricant de) pour son compte				7e	*40e
— — — à façon				8e	*40e
RASEUR de velours				7e	*40e
RECEVEUR de rentes				4e	20e
RÉFÉRENDAIRE au sceau (Profession assujettie seulement au droit proportionnel				»	15e
REGISTRES (Fabricant de)				4e	20e
— — à façon				7e	*40e
RÉGLEUR de papier				8e	*40e
RÉGLISSE (Fabrique de). — Droit fixe, 18 fr., plus 3 fr. 60 par ouvrier.					

COMMERCES, INDUSTRIES ET PROFESSIONS	Classe.	Taux du droit proportionnel
Droit proportionnel sur la maison d'habitation et sur les magasins de vente	»	20e
— — sur l'établissement industriel	»	25e
REGRATTIER	7e	*40e
RELAIS (Entrepreneur de)	5e	20e
RELIEUR de livres	7e	*40e
REMISEUR de charrettes à bras et de hottes	8e	*40e
REMOULEUR ou repasseur de couteaux	8e	*40e
RENTRAYEUR ou conservateur de tapis, de couvertures de laine et de coton	7e	*40e
REPASSEUSE de linge, avec ouvrières ou apprenties	7e	*40e
REPERCEUR	8e	*40e
REPRÉSENTANT du commerce (celui qui, n'étant pas courtier et n'ayant ni boutique ni magasin, achète ou vend pour le compte des marchands moyennant une remise proportionnelle au prix des achats ou des ventes)	4e	20e
REPRISEUSE de châles	8e	*40e
RÉSINES et autres matières analogues (Marchand de) en gros	1re	10e
— — — en demi-gros	2e	15e
— — — en détail	5e	20e
RESSORTS de bandages pour les hernies (Fabricant de) pour son compte	6e	20e
RESSORTS de bandages pour les hernies (Fabricant de) à façon	7e	*40e
RESSORTS de montres et de pendules (Fabricant de) pour son compte	6e	20e
RESSORTS de montres et de pendules (Fabricant de) à façon	7e	*40e
RESTAURATEUR à la carte	3e	15e
— et traiteur à la carte et à prix fixe	4e	20e
— à prix fixe seulement	5e	20e
— sur coches et bateaux à vapeur. — Droit fixe 60 »		
Droit proportionnel sur la maison d'habitation seulement	»	15e
REVENDEUSE à la toilette pour son compte	7e	*40e
ROGNURES de papier (Marchand de)	8e	*40e
— de peaux (Marchand de)	8e	*40e
ROGUES ou œufs de morue (Marchand de) en gros	1re	10e
— — — en détail	5e	20e
ROSEAUX (Marchand de)	7e	*40e
— préparés pour le tissage (Marchand de)	7e	40e
ROTISSEUR	5e	20e
ROUETTES ou harts pour lier les trains de bois (Marchand de)	7e	*40e
ROUGE végétal (Marchand de) en gros	1re	10e
— — — en détail	5e	20e
ROULAGE (Entrepreneur de) :		
Droit fixe : à Paris 150 »		
Dans les villes de 50,000 âmes et au-dessus 100 »		
Dans les villes de 30,000 à 50,000 âmes et dans celles de 15,000 à 30,000 âmes qui ont un entrepôt réel 75 »		

COMMERCES, INDUSTRIES ET PROFESSIONS		Classe.	Taux du droit proportionnel
Dans les villes de 15,000 à 30,000 âmes, et dans les villes au-dessous de 15,000 âmes qui ont un entrepôt réel	50 »		
Dans toutes les autres communes	40 »		
Droit proportionnel sur la maison d'habitation		»	10e
— — sur les locaux servant à l'exercice de la profession		»	40e
ROULEAUX (Tourneur de) pour la filature		8e	*40e
ROUTOIR ou fosse à rouir le lin ou le chanvre (Exploitant de)		7e	*40e
RUBANS pour modes (Marchand de) en gros		1re	10e
— — en demi-gros		2e	15e
— — en détail		4e	20e
RUCHES pour les abeilles (Fabricant de), pour son compte		7e	*40e
— — à façon		8e	*40e

S

		Classe.	Taux
SABLE (Marchand de)		8e	*40e
SABOTIER (Fabricant expéditeur)		4e	20e
SABOTIER (Fabricant)		8e	*40e
SABOTS (Fabricant de), par procédés mécaniques :			
Droit fixe, 18 fr., plus 3 fr. 60 par ouvrier.			
Droit proportionnel sur la maison d'habitation et sur les magasins de vente		»	20e
— — sur l'établissement industriel		»	40e
SABOTS (Marchand de) en gros		4e	20e
— — en détail		8e	★40e
— garnis (Fabricant ou marchand de)		6e	20e
SACS de toiles (Fabricant et marchand de)		6e	20e
SAFRAN (Marchand de) en gros		1re	10e
— — en demi-gros		4e	20e
SALEUR d'olives		5e	20e
— de viandes		3e	15e
SALPÊTRIER		6e	20e
SANG (Marchand de)		5e	20e
SANGSUES (Marchand de) en gros		1re	10e
— — en demis-gros		4e	20e
— — en détail		7e	★40e
SARRAUX ou blouses (Marchand de) en gros		3e	15e
— — — en détail		6e	20e
SATINEUR ou lisseur de papier		8e	★40e
SAVON (Fabrique de). — Droit fixe, 24 francs, plus 60 cent. par hectolitre de capacité des chaudières.			
Droit proportionnel sur la maison d'habitation et sur les magasins de vente		»	20e
— — sur l'établissement industriel		»	25e
SAVON (Marchand de) en gros		1re	10e
— — en demi-gros		2e	15e
— — en détail		5e »	20e
SCIES (Fabrique de). — Droit fixe, 12 francs, plus 3 fr. 60 par ouvrier.			

COMMERCES, INDUSTRIES ET PROFESSIONS	Classe.	Taux du droit proportionnel
Droit proportionnel sur la maison d'habitation et les magasins de vente..................	»	20c
— — sur l'établissement industriel.........	»	40c
SCIERIE mécanique. — Droit fixe :		
Pour le sciage des bois de construction, bâtisse et menuiserie....................... 2 40 par lame.		
Pour le sciage des bois de marqueterie et placage...................... 1 20 —		
Pour le sciage des pierres et du marbre. » 60 —		
(Ces droits se réduisent à la moitié, en cas de chômage forcé de quatre mois au moins.)		
Droit proportionnel sur les maisons d'habitation et sur les magasins de vente..............	»	**20**c
— — sur l'établissement industriel.........	»	40c
SCIEUR de long...........................	7e	*40c
SCIURE de bois (Marchand de).............	8e	*40c
SCULPTEUR en bois, pour son compte........	6e	20c
— à façon.................	7e	*40c
SCULPTURES (Fabrique de), par procédés mécaniques :		
Droit fixe : 18 fr., plus 3 fr. 60 par ouvrier.		
Droit proportionnel sur la maison d'habitation et sur les magasins de vente..............	»	20c
— — sur l'établissement industriel.........	»	40c
SEAUX à incendie (Fabricant de)...........	5e	20c
SEAUX ou baquets en sapin (Fabricant de), pour son compte..	7e	*40c
— — à façon........	8e	*40c
SÉCHEUR de garance.......................	6e	20c
SÉCHEUR de houblon.......................	6e	20c
— de grains, de graines, de café...........	6e	20c
— de morue..............................	4e	20c
SÉCHOIR à linge (Exploitant un)............	7e	40c
SEL (Raffinerie de). — Droit fixe, 30 francs, plus 3 fr. 60 par ouvrier.		
Droit proportionnel sur la maison d'habitation et sur les magasins de vente..............	»	20c
— — sur l'établissement industriel........	»	25c
SEL (Marchand de) en gros.................	1re	10c
— — en demi-gros..........	2e	15c
— — en détail.............	7e	*40c
SELLIER-carossier.........................	3e	15c
— harnacheur.......................	5e	20c
— à façon..........................	7e	*40c
SERRURERIE (Marchand expéditeur d'objets de)...........	2e	15c
SERRURIER (Entrepreneur).................	4e	20c
— en voitures suspendues...........	4e	20c
— mécanicien...................	4e	20c
— non entrepreneur.............	5e	20c
— à façon......................	7e	*40c
SERTISSEUR ou monteur à façon...........	7e	*40c
SIGNAUX télégraphiques à l'entrée des ports (Entrepreneur de).		

COMMERCES, INDUSTRIES ET PROFESSIONS		Classe.	Taux du droit proportionnel
Droit fixe, dans les villes de 50,000 âmes et au-dessus	100 »	»	10e
— dans les villes de 30,000 à 50,000 âmes et dans celles de 15,000 à 30,000 âmes qui ont un entrepôt réel	75 »	»	10e
— dans les villes de 15,000 à 30,000 âmes et dans les villes au-dessous de 30,000 âmes qui ont un entrepôt réel	50 »	»	10e
— dans toutes les autres communes	25 »	»	10e
Sirop de fécules de pommes de terre (Fabrique de).—Droit fixe, 18 fr., plus 3 fr. 60 par ouvrier.			
Droit proportionnel sur la maison d'habitation et sur les magasins de vente		»	20e
— — sur l'établissement industriel		»	25e
Société formée par actions, pour opérations de Banque, de crédit, d'escompte, de dépôts, comptes courants, etc.		»	»
Droit fixe pour un capital social d'un million et au-dessous, d'après les tarifs selon la nature de la profession.			
(Se reporter à la profession de banquier, escompteur, etc.)			
Pour un capital de un à deux millions	1.200 »	»	»
Pour chaque million en sus	120 »	»	10e
Soie (Marchand de) en gros		1re	10e
— — en demi-gros		2e	15e
— — en détail		3e	15e
Soies de porc ou de sanglier (Marchand de) en gros		1re	10e
— — — en demi-gros		2e	15e
— — — en détail		5e	20e
Son, recoupe et remoulage (Marchand de)		6e	20e
Sondes (Fabricant de grandes)		4e	20e
Soudes végétales indigènes (Marchand de) en gros		3e	15e
Soufflerie de poils pour la chapellerie et autres industries, par procédés mécaniques :			
Droit fixe, 5 fr. par assortiment de mécaniques à souffler		»	»
— proportionnel sur la maison d'habitation		»	20e
— — sur l'établissement industriel		»	40e
Soufflets pour les forgerons, bouchers, etc. (Fabricant et marchand de) en gros		5e	20e
Soufflets ordinaires (Fabricant et marchand de)		7e	*40e
Soufre (Marchand de) en gros		1re	15e
— — en demi-gros		2e	15e
— — en détail		5e	20e
Souliers vieux (Marchand de)		8e	*40e
Sparterie pour modes (Fabricant de)		5e	20e
Sparterie (Fabricant et marchand d'objets en)		6e	20e
Spectacles (Directeur de). — Droit fixe :			

1º Les 3/10es d'une représentation complète dans les théâtres où l'on joue tous les jours ;

2º Les 3/20es si l'on ne joue pas tous les jours et si la troupe est sédentaire ;

COMMERCES, INDUSTRIES ET PROFESSIONS	Classe.	Taux du droit propor- tionnel

3º Lorsque la troupe ne reste pas quatre mois consécutifs dans la même ville, 60 fr.

Droit proportionnel sur la maison d'habitation seulement...	»	15ᶜ
SPECTACLES, BALS, CONCERTS (Fermier des droits à percevoir au profit des pauvres dans les). — Droit fixe, 6 fr., plus 2 fr. 10 par 1,000 fr. des prix de ferme, jusqu'à 300 fr.		
Droit proportionnel sur la maison d'habitation seulement...	»	15ᶜ
SPHÈRES (Fabricant de)............................	6ᵉ	20ᶜ
STORES (Fabricant ou marchand de).................	6ᵉ	20ᶜ
STUCATEUR	6ᵉ	20ᶜ
SUCRE brut et raffiné (Marchand de) en gros..............	1ʳᵉ	10ᶜ
— — — en demi-gros.........	2ᵉ	15ᶜ
— — — en détail	5ᵉ	20ᶜ
SUCRE de betteraves (Fabrique de). —Droit fixe :		
Pour chaque chaudière à déféquer, contenant moins de dix hectolitres............................... 48 »		
Pour chaque chaudière à déféquer, contenant dix hectolitres et au-dessus..................... 72 »		
Droit proportionnel sur la maison d'habitation et sur les magasins de vente....................	»	20ᶜ
— — sur l'établissement industriel	»	40ᶜ
SUCRE (Raffinerie de) :		
Ayant moins de 25 ouvriers. —Droit fixe...... 120 »		
De 25 à 50 ouvriers.— Droit fixe........... 240 »		
Plus de 50 ouvriers. — Droit fixe........... 360 »		
Droit proportionnel sur la maison d'habitation et sur les magasins de vente....................	»	20ᶜ
— — sur l'établissement industriel.........	»	40ᶜ
SUIF (Fondeur de).—Droit fixe 12 fr., plus 3 fr. 60 par ouvrier.		
Droit proportionnel sur la maison d'habitation et sur les magasins de vente....................	»	20ᶜ
— — sur l'établissement industriel.........	»	25ᶜ
SUIF en branches (Marchand de).......................	4ᶜ	20ᶜ
SUIF fondu (Marchand de) en gros....................	1ʳᵉ	10ᶜ
— — en demi-gros..................	2ᵉ	15ᶜ
— — en détail......................	3ᶜ	20ᶜ
SUMAC (Marchand de)	6ᵉ	20ᶜ

T

TABAC en feuilles (Marchand de).......................	1ʳᵉ	10ᶜ
TABLE d'hôte (Tenant une)	6ᵉ	20ᶜ
TABLEAUX (Marchand de)	5ᶜ	20ᶜ
— (Restaurateur de)........................	7ᵉ	*40ᶜ
TABLETIER (Marchand).............................	6ᵉ	20ᵉ
TABLETTERIE (Fabricant d'objets en) pour son compte......	6ᵉ	20ᶜ
— — à façon..............	7ᶜ	40ᶜ
— (Marchand expéditeur de).................	2ᵉ	15ᶜ
— (Marchand de matières premières pour la).....	3ᵉ	15ᶜ
TAFFETAS gommés ou cirés (Fabricant de). — Droit fixe, 60 fr.		

COMMERCES, INDUSTRIES ET PROFESSIONS	Classe.	Taux du droit proportionnel
Droit proportionnel sur la maison d'habitation et sur les magasins de vente..................	»	20ᵉ
— — sur l'établissement industriel.........	»	25ᵉ
TAFFETAS gommés ou cirés (Marchand de)...............	5ᵉ	20ᵉ
TAILLANDIER.......................	5ᵉ	20ᵉ
TAILLEUR (Marchand) avec magasin d'étoffes............	3ᵉ	15ᵉ
— — sans magasin d'étoffes, fournissant sur échantillons..................	5ᵉ	20ᵉ
TAILLEUR d'habits à façon.........................	7ᵉ	*40ᵉ
TAILLEUR de pierres.........................	7ᵉ	*40ᵉ
TAMBOURS, tambourins, grosses caisses, etc. (Fabricant de)..	6ᵉ	20ᵉ
TAMISIER (Fabricant et marchand).....................	6ᵉ	20ᵉ
TAN (Marchand de).........................	6ᵉ	20ᵉ
TANNERIE de cuirs forts et mous :		
Droit fixe, 12 fr., plus 30 centimes par mètre cube de fosses et cuves.		
Droit proportionnel sur la maison d'habitation et sur les magasins de vente.................	»	20ᵉ
— — sur l'établissement industriel.........	»	40ᵉ
TAPIS de laine et tapisseries (Marchand de)...............	3ᵉ	15ᵉ
TAPIS peints ou vernis (Fabricant de). — Droit fixe.. 60 »		
Droit proportionnel sur la maison d'habitation et sur les magasin de vente..................	»	20ᵉ
— — sur l'établissement industriel.........	»	25ᵉ
TAPIS peints ou vernis (Marchand de)..................	5ᵉ	20ᵉ
TAPISSERIES à la main (Fabricant de)..................	7ᵉ	*40ᵉ
TAPISSIER (Marchand).........................	4ᵉ	20ᵉ
— à façon.........................	6ᵉ	20ᵉ
TARTRIER.........................	6ᵉ	20ᵉ
TAUREAUX pour les courses (Loueur de).................	5ᵉ	20ᵉ
TEINTURE (Marchand en gros de matières premières pour la).	1ʳᵉ	10ᵉ
TEINTURERIE (Loueur d'établissement de) celui qui loue à tout venant un établissement de teinturerie, muni de ses appareils et ustensiles.....................	7ᵉ	*40ᵉ
TEINTURIER pour les fabricants et les marchands. — Droit fixe, 18 fr., plus 3 fr. 60 par ouvrier.		
Droit proportionnel sur la maison d'habitation et sur les magasins de vente..................	»	20ᵉ
— — sur l'établissement industriel.........	»	40ᵉ
TEINTURIER pour les particuliers.....................	6ᵉ	20ᵉ
TÉLÉGRAPHIE privée (Entreprise de). — Droit fixe... 120 »		
Droit proportionnel sur la maison d'habitation et sur les magasins de vente..................	»	20ᵉ
— — sur l'établissement industriel.........	»	40ᵉ
TERRASSIER (Maître).........................	6ᵉ	20ᵉ
TÊTES en carton servant aux marchandes de modes (Fabricant de).........................	8ᵉ	*40ᵉ
THÉ (Marchand de) en gros.........................	1ᵉʳ	10ᵉ
— — en demi-gros.....................	2ᵉ	15ᵉ
— — en détail.....................	4ᵉ	20ᵉ

COMMERCES, INDUSTRIES ET PROFESSIONS	Classe.	Taux du droit proportionnel
TIGES ou empeignes de chaussures (Fabricant ou marchand de) ayant magasin de vente	4e	20e
TIGES ou empeignes de chaussures (Fabricant de) travaillant sur commande	6e	20e
TIGES ou empeignes de chaussures (Fabricant de) à façon	8e	*40e
TIR au pistolet (Maître de)	5e	20e
TIREUR d'or et d'argent	6e	20e
TISSUS de laine, de fil, de coton, de soie ou de crin (Marchand de) en gros	1re	10e
TISSUS de laine, de fil, de coton, de soie ou de crin (Marchand de) en demi-gros	2e	15e
TISSUS de laine, de fil, de coton, de soie ou de crin (Marchand de) en détail	3e	15e
TISSUS grossiers et communs (Marchand de) sans assortiment.	6e	20e
TOILES cirées ou vernies (Fabricant de).—Droit fixe.. 60 »		
Droit proportionnel sur la maison d'habitation et sur les magasins de vente	»	20e
— — sur l'établissement industriel	»	25e
TOILES cirées et vernies (Marchand de)	5e	20e
— grasses pour emballage (Marchand de)	7e	*40e
— métalliques (Fabricant de) pour son compte	5e	20e
— — — à façon	7e	*40e
TOLE vernie (Fabricant d'ouvrages en)	4e	20e
— (Marchand d'ouvrages en)	5e	20e
TOLIER	6e	20e
— à façon	8e	*40e
TONDEUR ou presseur de drap et autres étoffes de laine	7e	*40e
TONDEUR de tapis par procédés mécaniques.—Droit fixe, 6 fr. par tondeuse.		
Droit proportionnel sur la maison d'habitation et sur les magasins de vente	»	20e
— — sur l'établissement industriel	»	40e
TONNEAUX, barriques, etc. (Fabrique de) pour expéditions maritimes, etc.	4e	20e
TONNEAUX (Marchand de)	7e	*40e
TONNELIER (Maître)	6e	20e
— à façon	7e	*40e
TONTINE (Société de).—Droit fixe 360 »	»	15e
TORCHER	7e	*40e
TOURBE (Marchand de) en gros	4e	20e
— — en détail	8e	*40e
TOURBES carbonisées (Fabrique de).—Droit fixe.... 30 »		
Droit proportionnel sur la maison d'habitation et sur les magasins de vente	»	20e
— — sur l'établissement industriel	»	25e
TOURBIÈRES (Exploitant de).—Droit fixe, 6 fr., plus 3 fr. 60 par ouvrier.		
Droit proportionnel sur la maison d'habitation seulement..	»	15e
TOURNERIE de Saint-Claude (Marchand expéditeur d'articles de).	3e	15e
TOURNEUR en bois (Marchand) vendant en boutique divers objets en bois faits au tour	7e	40e

COMMERCES, INDUSTRIES ET PROFESSIONS	Classe.	Taux du droit proportionnel
TOURNEUR en bois (Fabricant) sans boutique.............	8e	*40e
TOURNEUR en marbre ou en pierre.....................	6e	20e
— sur métaux.......................	6e	20e
TOURS et autres ouvrages pour la coiffure en cheveux, soie (Fabricant ou marchand de).......................	6e	20e
TOURTEAUX (Marchand de) en gros....................	3e	15e
— — en détail...................	6e	20e
TRAÇONS (Maître de)........................	5e	20e
TRAITEUR donnant à manger chez lui ou portant en ville....	3e	15e
TRANSPORT de la guerre (Entreprise générale du). — Droit fixe........................... 1.200 »		
Droit proportionnel sur la maison d'habitation et sur les magasins de vente...............	»	20e
— — sur l'établissement industriel.........	»	40e
TRANSPORT de la guerre (Entreprise particulière du) pour une division militaire. — Droit fixe............. 120 »		
Droit proportionnel sur la maison d'habitation et sur les magasins de vente...............	»	20e
— — sur l'établissement industriel..........	»	40e
TRANSPORT de la guerre (Entreprise particulière pour gîtes d'étape). — Droit fixe.................. 30 »		
Droit proportionnel sur la maison d'habitation et sur les magasins de vente................	»	20e
— — sur l'établissement industriel.........	»	40e
TRANSPORT des détenus (Entreprise générale pour le). — Droit fixe.................................. 360 »		
Entreprise pour le transport des détenus du ressort d'une Cour d'appel ou moins. — Droit fixe.... 120 »		
Entreprise pour le transport des détenus d'une circonscription moins étendue que celle d'une Cour d'appel. — Droit fixe............... 30 »		
Droit proportionnel sur la maison d'habitation et sur les magasins de vente...............	»	20e
— — sur l'établissement industriel.........	»	40e
TRANSPORTS militaires (Entreprise générale des). — Droit fixe............................... 1.200 »		
Droit proportionnel sur la maison d'habitation et sur les magasins de vente...............	»	20e
— — sur l'établissement industriel.........	»	40e
TRANSPORTS des tabacs (Entreprise générale des). — Droit fixe 1,200 fr.		
Droit proportionnel sur la maison d'habitation et les magasins de vente....................	»	20e
— — sur l'établissement industriel.........	»	40e
TRAVAUX publics (Entrepreneur de). — Droit fixe, 6 fr., plus 1 fr. 20 par 1,000 fr. du montant annuel des entreprises.		
Droit proportionnel sur la maison d'habitation seulement..	»	15e
TRÉFILERIE en fer ou laiton. — Droit fixe, 30 fr., plus 3 fr. par bobine.		
Droit proportionnel sur la maison d'habitation et les magasins de vente....................	»	20e

COMMERCES, INDUSTRIES ET PROFESSIONS	Classe.	Taux du droit proportionnel
Droit proportionnel sur l'établissement industriel.........	»	40e
TRÉFILEUR par les procédés ordinaires...................	6e	20e
TREILLAGEUR....................................	7e	40e
TRESSES en paille (Fabricant de). Voir PAILLE............	»	»
TRICOTS à l'aiguille (Fabricants ou marchand de)..........	5e	20e
TRIEUR de laines par procédés mécaniques. — Droit fixe, 12 fr. par machine.		
Droit proportionnel sur la maison d'habitation et les magasins de vente...................	»	20e
— — sur l'établissement industriel	»	40e
TRIPIER (Cuiseur ou échaudeur d'abats, abaties et issues)....	7e	40e
TROUPES de passage (Entrepreneur du logement des)........	6e	»
Droit proportionnel sur la maison d'habitation...........	»	20e
— — sur les locaux servant à l'exercice de la profession.....................	»	40e
TRUFFES (Marchand de)................................	4e	20e
TUILES (Fabrique de). — Droit fixe, 6 fr., plus 2 fr. 40 par ouvrier.		
Droit proportionnel sur la maison d'habitation et les magasins de vente....................	»	20e
— — sur l'établissement industriel	»	25e
TUILES (Marchand de)................................	6e	20e
TULLE (Marchand de) en détail........................	4e	20e
TUYAUX en fil de chanvre pour les pompes à incendie et autres (Fabricant de).............................	4e	20e
TUBES en papier pour filatures (Fabrique de) par procédés mécaniques. — Droit fixe, 18 fr., plus 6 fr. par métier.		
Droit proportionnel sur la maison d'habitation et les magasins de vente....................	»	20e
— — sur l'établissement industriel	»	40e
TUYAUX en fil de chanvre, en ciment et pour les pompes à incendie, les arrosements (Fabricant de)..............	4e	20e

U

UCSINE à tirer l'or et l'argent (Exploitant d'). — Droit fixe, 30 fr., plus 3 fr. par bobine.		
Droit proportionnel sur la maison d'habitation et les magasins de vente	»	20e
— — sur l'établissement industriel	»	40e
USTENSILES de chasse et pêche........................	5e	20e
USTENSILES de ménage (Marchand de vieux)..............	7e	'40e
USTENSILES en fer battu (Fabrique d') par procédés mécaniques. — Droit fixe, 18 fr., plus 3 fr. 60 par ouvrier.		
Droit proportionnel sur la maison d'habitation et les magasins de vente.....................	»	20e
— — sur l'établissement industriel	»	40e

V

VACHES ou veaux (Marchand de)......................	4e	20e
VAISSELLE et ustensiles de bois (Fabricant et marchand de)..	7e	'40e

COMMERCES, INDUSTRIES ET PROFESSIONS	Classe.	Taux du droit proportionnel
VANNERIE (Marchand expéditeur de).....................	4e	20e
— (Marchand de) en détail......................	6e	20e
VANNIER (Fabricant) en vannerie fine....................	6e	20e
VANNIER (Fabricant de vannerie commune)	8e	*40e
VANNIER emballeur pour les vins........................	5e	20e
VARECH (Marchand de) en gros.........................	3e	15e
— — en détail.....................	8e	*40e
VENTES à l'encan (Directeur d'un établissement de)	1re	10e
VÉRIFICATEUR de bâtiments............................	6e	20e
VERNISSEUR sur cuir, feutre, carton et métaux............	6e	20e
— — — — à façon......	7e	*40e
VERRERIE (Exploitant une). — Droit fixe, 60 fr. pour chaque four de fusion.		
Droit proportionnel sur la maison d'habitation et les magasins de vente....................	»	20e
— — sur l'établissement industriel.........	»	40e
VERRES à vitre (Marchand de)...........................	4e	20e
VERRES blancs et cristaux (Marchand de) en gros...........	1re	10e
— — — en demi-gros.....	2e	15e
— — — en détail	5e	20e
VERRES bombés (Marchand de).........................	6e	20e
VERROTERIE et gobeleterie (Marchand de) en demi-gros......	2e	15e
— — — en détail	6e	20e
VÉTÉRINAIRE (profession assujettie seulement au droit proportionnel)	»	15e
VIANDES (Marchand expéditeur de). — Droit fixe, 60 fr.		
Droit proportionnel sur la maison d'habitation seulement...	»	15e
VIDANGE (Entrepreneur de)............................	5e	20e
VIGNETTES et caractères à jour (Fabricant de) pour son compte.	6e	20e
— — — à façon........	8e	*40e
— — (Marchand de) en boutique	6e	20e
VINAIGRE (Fabrique de). — Droit fixe, 30 fr. Ce droit sera réduit de moitié pour les fabricants qui fabriquent moins de 100 hectolitres.		
Droit proportionnel sur la maison d'habitation et les magasins de vente....................	»	20e
— — sur l'établissement industriel	»	25e
VINAIGRE (Marchand de) en gros........................	1re	10e
VINAIGRIER en détail	4e	20e
VINS (Marchand de) en gros, vendant habituellement des vins par pièces ou paniers de vins fins, soit aux marchands en détail et aux cabaretiers, soit aux consommateurs....	1re	»
Droit proportionnel sur la maison d'habitation...........	»	10e
— — sur les locaux servant à l'exercice de la profession	»	30e
VIN (Marchand de) en détail............................	4e	20e
— — en détail, donnant à boire chez lui et tenant billard......................	5e	20e
— — en détail, donnant à boire chez lui et ne tenant pas billard..................	6e	20e

COMMERCES, INDUSTRIES ET PROFESSIONS	Classe.	Taux du droit proportiounel
VIN, bière, cidre (Débitant au petit détail), celui qui vend au pot et à la bouteille, et ne donne pas à boire chez lui...	7e	*40e
VIS (Fabricant de) par procédés ordinaires, pour son compte.	6e	20e
— — à façon	8e	*40e
VIS (Manufacture de) par procédés mécaniques. — Droit fixe, 12 fr., plus 3 fr. 60 par ouvrier.		
Droit proportionnel sur la maison d'habitation et les magasin de vente...................	»	20e
— — sur l'établissement industriel.........	»	40e
VITRAUX (Faiseur ou ajusteur de) pour son compte.........	6e	20e
— — à façon................	7e	*40e
VITRIER en boutique.............................	6e	20e
VOILIER emballeur, celui qui, au débarquement, ouvre les balles ou sacs de marchandises, les répare ou en confectionne de neufs, ou qui fournit des tentes ou des bâches pour abriter les marchandises déposées sur les quais....	5e	20e
VOILIER pour son compte.............................	3e	15e
— à façon..	6e	20e
VOITURIER, marchand de vin, de bière, de cidre, de sel.....	4e	20e
— ou roulier ayant plusieurs équipages...........	5e	20e
— — n'ayant qu'un équipage.............	8e	*40*
VOLAILLES ou gibier (Marchand de).....................	6e	20e
— truffées (Marchand de).....................	4e	20e

Y

YEUX artificiels (Fabricant d').........................	6e	20e

---

RÉCLAMATIONS EN MATIÈRE DE PATENTE

Les individus imposés dans les rôles de la contribution des patentes peuvent obtenir la réduction de leur taxe :

1° S'ils ont été imposés pour une profession donnant lieu à une patente plus élevée que celle de la profession qu'ils exercent ;

2° S'ils ont été imposés à des droits fixes supérieurs à ceux qui sont légalement dus ;

3° Si le loyer qui a servi de base à la fixation du droit proportionnel a été surévalué et si ce droit a été inexactement appliqué ;

4° Si, avant le 1er janvier de l'année pour laquelle le rôle est établi, ils ont quitté leur profession pour en prendre une nouvelle qui serait assujettie à un droit plus faible.

La décharge entière de la patente leur est due :

1° Lorsqu'ils ont été imposés par double emploi dans le rôle d'un même exercice;

2° Lorsque la profession pour laquelle ils ont été taxés n'est point sujette à patente;

3° Lorsqu'ils ont cessé la profession ou le commerce qu'ils exerçaient avant le 1ᵉʳ janvier de l'année pour laquelle le rôle est établi.

En cas de fermeture des magasins, boutiques et ateliers, par suite de décès ou de faillite déclarée, les héritiers ou les créanciers ont droit à la décharge de la patente à partir .du 1ᵉʳ du mois qui suit la fermeture.

Les réclamations en décharges et réductions doivent être faites dans les trois mois de la publication des rôles ; celles en décharge pour cause de décès ou de faillite, dans les quinze jours qui suivent les événements. Elles sont soumises aux mêmes règles et assujetties aux mêmes formalités que les demandes concernant les contributions foncière, personnelle-mobilière et des portes et fenêtres.

MODÈLE N° 3

MODÈLE FICTIF D'AVERTISSEMENT POUR LA CONTRIBUTION DES PATENTES

Le droit fixe est appliqué pour chaque classe, selon la population. Le droit proportionnel est établi d'après la valeur locative réelle.

(On obtient le montant des centimes additionnels en multipliant le nombre des centimes indiqués en marge par le montant réuni du droit fixe et du droit proportionnel.)

DÉPARTEMENT

d

ARRONDISSEMENT

d

COMMUNE

de Val-des-Yebles

M.

percepteur, résidant

à

Jours de recette :

AVERTISSEMENT

POUR L'ACQUIT DE LA CONTRIBUTION DES PATENTES DE 1874

Lois de finances du 24 juillet 1873.

Impositions départementales, autorisées par des lois spéciales ou des décrets, ou votées d'office par le Conseil général.

Impositions communales, approuvées par des actes du gouvernement ou des **arrêtés du Préfet ou votées d'office par le Conseil municipal.**

(Article du rôle)
114

*Nombre de centimes addition-
nels au principal de la contribution des patentes :*

1.30

Le rôle a été publié
le

C'est de ce jour que court le
délai de trois mois pour la présentation des demandes en décharge ou réduction.

Le contribuable a le droit de
se faire représenter, par le percepteur, la feuille de tête du
rôle où se trouvent indiquées la
nature et la quotité des centimes
additionnels et les motifs des
impositions départementales et
communales.

Les frais du présent avertissement étant compris dans le
rôle, le contribuable doit le recevoir sans frais et à domicile.
En cas d'absence, l'avertissement sera remis à son fermier
ou représentant.

M. RAINEVAL, *Pierre-Philippe,*

demeurant à Val-des-Yebles, Grande-Rue, n° ...

exerçant la profession d'aubergiste.

payera, savoir :

		MONTANT DE LA COTE		PART REVENANT			
				à l'Etat.		au département à la commune, etc.	
Droit fixe	Tableau , 4e classe............ 20 fr.						
	pour						
	pour						
Droit proport¹	au sur une valeur locative de	161	»	103	90	57	10
	au 20e sur une valeur locative de 1,000 fr. 50						
	au sur une valeur locative de						
Centimes additionnels...................... 91							
Plus, pour frais du présent avertissement............		»	05	»	05		
TOTAL.......................		161	05	Dont le douzième est de...... 13 42			

Certifié à ....., le 5 janvier 1874.

Le Directeur des Contributions directes,

PHILIPPE.

CHAPITRE II

Formules de réclamations en matière de contributions directes.

———

N° 1.

Formule de réclamation pour obtenir le dégrèvement de la contribution foncière de maisons, usines, etc., nouvellement construites, et sur-taxées.

Nonsieur le..... Préfet,

Je possède à (*nom de la commune*), rue....., n°..., une maison imposée pour la première fois en 187., section..., n°..., du plan cadastral, pour un revenu foncier de.....

L'évaluation en a été inexactement faite, attendu que, soit en la comparant à une autre maison de même importance , soit en déduisant les charges annuelles du prix de revient, on arrive à un revenu net de.....

Je vous prie, en conséquence, de vouloir bien me faire accorder décharge de la différence.

Ci-joints l'avertissement et la quittance des termes échus.

Agréez, etc.

Le..... 187,.

———

N° 2.

Formule de réclamation pour obtenir une réduction sur la contribution foncière de maisons, boutiques, usines, etc., qui n'auraient plus la même valeur que celle qui leur a été attribuée lors de leur imposition au cadastre.

Monsieur le,..... Préfet,

La maison que je possède à....., rue....., n°..., imposée au cadastre, section..., n°..., du plan, pour un revenu foncier de....., a énormément perdu de sa valeur depuis son évaluation. (*Faire connaître ici les motifs; soit par suite de modifications ou de suppressions de pièces, soit en raison de la conversion de maisons de commerce, ou d'usines, en simples maisons d'habitation, etc., etc.*)

Je vous prie de vouloir bien faire réduire le revenu cadastral à....., chiffre en rapport avec la situation actuelle du bâtiment, et me faire accorder décharge de la différence.

Ci-joints l'avertissement et la quittance des termes échus.

Agréez, etc.

Le,.... 187,.

N° 3.

Formule de réclamation en décharge de la contribution foncière de maisons ou usines imposées avant la troisième année de leur construction ou de leur reconstruction.

MONSIEUR LE..... PRÉFET,

J'ai été imposé dès 187., à la contribution foncière d'une maison que je possède à....., rue....., n°..., et dont la construction n'a été terminée que l'an dernier. Cette maison n'étant imposable que la troisième année de son entier achèvement, je vous prie de vouloir bien me faire accorder décharge de la contribution foncière à laquelle elle a été assujettie pour l'année courante.

Ci-joints l'avertissement et la quittance des termes échus.

Agréez, etc.

Le..... 187..

N° 4.

Formule de réclamation en dégrèvement de la contribution foncière de maisons, usines, etc., démolies ou converties en bâtiments ruraux, et maintenues à la taxe.

MONSIEUR LE..... PRÉFET,

Je suis encore imposé à la contribution foncière en 187., pour une maison sise à....., rue....., n°..., section..., n°..., du plan cadastral, quoiqu'elle ait été *(démolie ou convertie en bâtiment rural)* avant le 1er janvier de la présente année.

Je vous prie de vouloir bien me faire accorder décharge de ladite contribution.

Ci-joints l'avertissement et la quittance des termes échus.

Agréez, etc.

Le..... 187..

N° 5.

Formule de demande en remise de contributions foncières par suite d'incendie, ou de vacance de maisons et de chômage d'usines. — (Même formule pour la contribution des ouvertures.)

MONSIEUR LE..... PRÉFET,

Je vous prie de vouloir bien me faire accorder la remise de la contribution foncière de *(telle maison, usine ou boutique, détruite par l'incendie ou l'inondation, le....., ou de telle maison, usine ou boutique, restée vacante du..... au....., bien qu'un écriteau indiquait qu'elle était à louer, ou encore pour le temps pendant lequel telle usine est restée en chômage.)*

Ci-joints l'avertissement et la quittance des termes échus.

Agréez, etc.

Le..... 187..

N° 6.

Formule de réclamation pour obtenir une réduction sur la contribution mobilière, lorsqu'elle est établie dans une proportion trop forte.

MONSIEUR LE..... PRÉFET,

Je suis imposé dans la commune de..... pour l'année 187., à une contribution mobilière sur un loyer de.....

D'après la base adoptée pour cette commune, et par comparaison de mon habitation avec d'autres logements de même importance, il est évident qu'il y a lieu de réduire la contribution (*d'un tiers, d'un quart, d'un cinquième, etc.*).

Je vous prie de vouloir bien me faire allouer le dégrèvement de l'impôt relatif à cette différence.

Ci-joints l'avertissement et la quittance des termes échus.

Agréez, etc.

Le..... 187..

N° 7.

Formule de réclamation en décharge pour un nombre d'ouvertures supérieur à celui existant réellement.

MONSIEUR LE..... PRÉFET,

Je suis taxé en 187., dans la commune de....., pour (*nombre*) d'ouvertures, il n'en existe réellement à mes bâtiments que (*nombre*). Je vous prie de vouloir bien me faire obtenir décharge de l'impôt concernant la différence.

Ci-joints l'avertissement et la quittance.

Agréez, etc.

Le..... 187..

N° 8.

Formule de réclamation pour droits de patentes surtaxés.

MONSIEUR LE..... PRÉFET,

(*Selon le cas.*)

Je suis imposé à la patente dans la commune de....., pour l'année 187., comme exerçant la profession de....., tandis que j'exerce réellement celle de....., donnant lieu à une patente moins élevée. (*Ou bien.*) Je suis imposé pour l'année 187., dans la commune de..... à un droit fixe de patente supérieur à celui qui est légalement dû pour la profession de....., que j'exerce. (*Ou bien encore*). Le loyer qui a servi de base en 187., pour la fixation du droit proportionnel de ma patente de (*indiquer la profession*) dans la commune de....., a été surévalué de..... (*telle somme*).

Je vous prie de vouloir bien me faire accorder décharge de la différence. ainsi que des centimes additionnels y relatifs.

Ci-joints l'avertissement et la quittance des termes échus.

Agréez, etc.

Le..... 187..

N° 9.

Formule de réclamation en décharge de patente lorsque l'exercice de la profession a cessé avant le 1er janvier de l'année pour laquelle la patente est imposée.

Monsieur le...... Préfet,

Quoique j'aie cessé d'exercer la profession de..... avant le 1er janvier de l'année courante, j'ai été maintenu au rôle des patentes en 187..

Je vous prie de vouloir bien me faire obtenir le dégrèvement de la contribution à laquelle j'ai été imposé à tort.

Ci-joints l'avertissement et la quittance des termes échus.

Agréez, etc.

Le..... 187..

N° 10.

Formule de réclamation en décharge de patente, lorsque des ouvriers travaillent seulement avec un apprenti âgé de moins de 16 ans, ou sans compagnon ni apprenti.

Monsieur le...... Préfet,

J'exerce dans la commune de..... la profession de..... sans ouvrier ni apprenti (*ou avec l'aide seulement d'un apprenti de moins de seize ans*); j'ai été indûment imposé à la patente pour l'année 187.; je vous prie de vouloir bien m'en faire accorder la décharge.

Ci-joints l'avertissement et la quittance des termes échus.

Agréez, etc.

Le..... 187..

N° 11.

*Formule de réclamation pour les droits de patente restant à courir, lorsqu'il
y a eu décès ou faillite déclarée.*

Monsieur le..... Préfet,

Par suite du décès de M....., survenu le....., et duquel je suis
héritier, la profession pour laquelle il était imposé à la patente a cessé
d'être exercée. Je vous prie de vouloir bien me faire accorder décharge des
droits de patente du premier du mois qui suit la date du décès au 31 décembre suivant.

(Ou bien.) Par suite de la déclaration en état de faillite de M..... qui
exerçait dans la commune de..... la profession de.....

Je vous prie, en ma qualité de syndic, de me faire accorder décharge
de sa patente pour le temps restant à courir jusqu'au 31 décembre.

Ci-joints l'avertissement et la quittance des termes échus.

Agréez, etc.

Le..... 187..

TABLE DES MATIÈRES

Paris. — Imp. Nouv. ass. ouv., 11, rue des Jeûneurs. — G. Masquin et C⁰.

Paris. — Imp. Nouv. (assoc. ouv.), 14, rue des Jeûneurs. — G. Masquin et Cie

www.ingramcontent.com/pod-product-compliance
Ingram Content Group UK Ltd.
Pitfield, Milton Keynes, MK11 3LW, UK
UKHW022042170726
13837UKWH00002B/738